LE

TOUR DU MONDE

IL Y A QUATRE SIÈCLES

VASCO DE GAMA.

BIBLIOTHÈQUE

DES ÉCOLES ET DES FAMILLES

LE

TOUR DU MONDE

IL Y A QUATRE SIÈCLES

VASCO DE GAMA ET MAGELLAN

PAR

HENRI VAST

PROFESSEUR AU LYCÉE FONTANES

PARIS

LIBRAIRIE HACHETTE ET Cie

79, BOULEVARD SAINT-GERMAIN, 79

1880

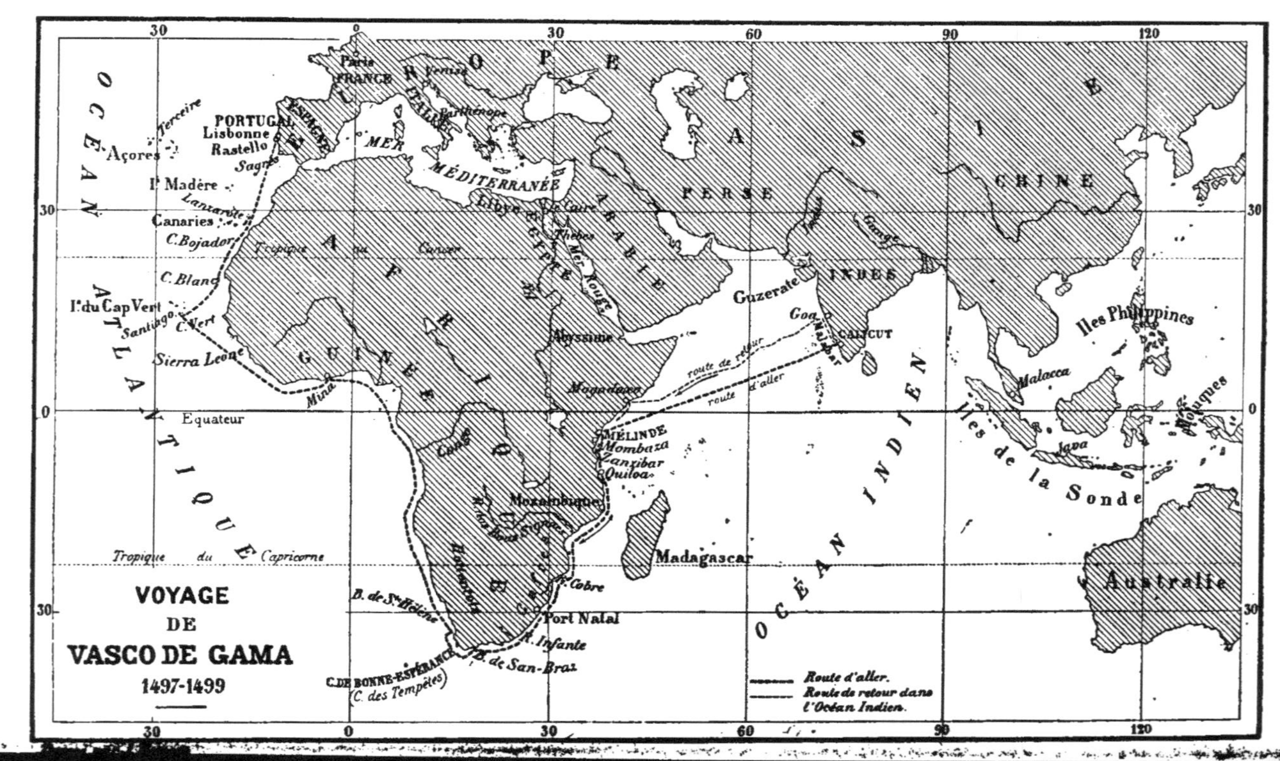
VOYAGE
DE
VASCO DE GAMA
1497-1499
Route d'aller.
Route de retour dans l'Océan Indien.
OCÉAN ATLANTIQUE
OCÉAN INDIEN
EUROPE
ASIE
AFRIQUE
Paris
FRANCE
Venise
ITALIE
Parthénope
ESPAGNE
PORTUGAL
Lisbonne
Rastello
Sagres
Terceire
Açores
Ie Madère
Lanzarote
Canaries
C. Bojador
C. Blanc
Ie du Cap Vert
Santiago
C. Vert
Sierra Leone
GUINÉE
Mina
Equateur
MER MÉDITERRANÉE
Libye
Le Caire
EGYPTE
Thèbes
Mer Rouge
ARABIE
PERSE
INDES
CHINE
Gange
Guzerate
Goa
Malabar
CALICUT
route de retour
route d'aller
Abyssinie
Magadaxo
MÉLINDE
Mombaza
Zanzibar
Quiloa
Congo
Mozambique
Hottentots
Cobre
Port Natal
R. Infante
B. de San-Braz
B. de Ste Hélène
C. DE BONNE-ESPÉRANCE
(C. des Tempêtes)
Madagascar
Tropique du Cancer
Tropique du Capricorne
Iles Philippines
Malacca
Java
Moluques
Iles de la Sonde
Australie
30
0
30
60
90
120

AVANT-PROPOS

Ce petit livre est un ouvrage de vulgarisation. Il n'a aucune prétention scientifique.

L'auteur a voulu faire connaître et faire aimer deux des plus grands explorateurs des temps modernes. Pour cela, il s'est beaucoup inspiré des récits naïfs et poignants des témoins oculaires.

Il a cherché à augmenter l'intérêt de son livre en décrivant les productions de chaque pays, et en comparant les mœurs et les usages qu'on y observe avec les nôtres.

Il a songé surtout à bien mettre en relief les vertus de ses héros pour les proposer en exemple à la postérité.

Son but aura été atteint, s'il réussit à instruire ses jeunes lecteurs, en leur inspirant un noble enthousiasme pour les grandes choses.

PRÉFACE

CAUSES DES GRANDES DÉCOUVERTES MODERNES

L'attrait de l'inconnu. — Les instincts guerriers. — L'esprit religieux. — Le besoins du commerce. — Pourquoi les Portugais et les Espagnols cherchent les premiers la route de l'Inde.

Il est donné à peu de personnes de faire le tour du monde. Mais chacun de nous l'a fait au moins par la pensée, soit en lisant ces intéressants récits de voyages qui nous transportent à la suite d'illustres marins dans les contrées les plus lointaines, soit en visitant ces riches collections de plantes et d'animaux étrangers que renferment de nos jours les jardins des plantes et les ménageries.

Les enfants lisent avidement toutes les histoires des Robinsons. Quand ils entrent dans quelque grande serre, ils admirent les splendides palmiers, les arbres à raquettes, les cactus; ils voudraient bien en avoir de pareils dans leurs jardins. Ils aimeraient surtout à goûter aux dattes, aux grenades, aux noix de coco, à la canne à sucre, à tous ces fruits savoureux, à tous ces monstrueux légumes qui viennent dans les contrées tropicales.

Auprès des animaux la surprise est encore plus grande. La cage des lions et des tigres, la danse des ours, les gambades des singes attirent de nombreux spectateurs jeunes et vieux. On s'amuse à voir des nuées de canards et d'oiseaux de toute sorte se disputer quelques bouchées de pain, tandis que les grues et les hérons perchés sur leurs longues pattes regardent la scène d'un œil mélancolique. L'on ne manque jamais d'aller faire une petite visite à l'éléphant et au chameau, ces intelligents animaux qui servent de chevaux et de mulets dans beaucoup de contrées de l'Asie et de l'Afrique.

Ces promenades instructives excitent chez les enfants un vif intérêt. Eux aussi souhaiteraient de connaître ces pays chauds dont on leur raconte tant de merveilles. Les plus gourmands voudraient manger les plus beaux fruits; les plus paresseux faire de grands voyages à dos de chameau ou d'éléphant; les plus braves aller à la chasse de l'aigle, de l'ours ou du lion. De douze à quinze ans, tous les jeunes garçons seraient heureux d'être marins afin de parcourir le monde. Tous désirent au moins voir beaucoup de pays; l'*inconnu* les attire et les séduit.

Les sociétés ont leur enfance comme les hommes. Dans notre Europe, cette période de l'enfance s'appelle le moyen âge. Alors on ne pouvait guère voyager; les routes étaient rares, mal entretenues, et infestées de brigands. L'homme vivait isolé, dans un coin de pays, cultivant avec peine le sol, ne sortant guère de sa province. Le commerce était presque nul. Les seigneurs féodaux, qui auraient dû défendre les paysans et les voyageurs, les attendaient souvent sur les grands chemins pour les dévaliser. Entre eux ils se livraient des guerres privées où les moissons étaient ravagées, les chaumières incendiées, les villes pillées et détruites. Les ruines et les dévastations engendraient la famine, la misère et d'horribles maladies comme la peste.

Cependant peu à peu la population des villes s'était groupée en communes. Les rois avaient combattu et dompté les plus turbulents des seigneurs féodaux. Le clergé avait interdit les guerres privées. Il avait réussi à faire de ces rudes batailleurs des chevaliers qui juraient de combattre pour la défense de l'Église. Les chevaliers, au lieu de faire la guerre aux chrétiens, la firent aux musulmans, les ennemis de l'Église. Ils partirent pour la Terre-Sainte, afin de délivrer Jérusalem et la Palestine. Ce furent les belles expéditions qu'on appela du nom de *croisades*.

A l'époque où vécurent Vasco de Gama et Magellan, la société chrétienne comptait quinze siècles d'existence. Elle sortait de l'enfance pour entrer dans la jeunesse. Elle atteignait ses quinze ans, l'âge où l'on a le plus de goût pour les aventures. Longtemps on avait cru connaître le monde. L'enfance est présomptueuse et s'imagine ne rien ignorer. Mais on s'était aperçu qu'il y avait en Asie et en Afrique beaucoup de contrées inconnues. Les hommes d'alors se sentaient à l'étroit dans l'ancien monde; ils étaient possédés d'une véritable fièvre de découvertes et d'aventures lointaines.

A ce moment les instincts guerriers des seigneurs féodaux étaient encore très vifs : ils lisaient les *romans de chevalerie*, c'est-à-dire les histoires plus ou moins embellies des plus fameux chevaliers des temps passés. Comme ils ne pouvaient plus se livrer au détestable plaisir des guerres privées, ils se lancèrent sur l'Océan à la recherche des terres nouvelles et des grandes aventures. Poussés par l'attrait de l'*inconnu*, ils risquèrent leur vie dans des entreprises pleines de péril. Ils étaient avides de parcourir des contrées merveilleuses. Ils souhaitaient de soumettre ces peuples redoutables qui avaient causé tant de surprise et d'effroi aux nouveaux arrivants. Pour un chef qui mourait dans l'expédition, cent autres se présentaient. Ainsi se forma *cette chevalerie de l'Océan*, aussi intrépide, mais aussi féroce parfois que celle du douzième siècle.

Ces chevaliers d'un nouveau genre étaient comme leurs ancêtres animés d'une foi vive. Comme ils ne pouvaient plus combattre les infidèles en Europe, ils allèrent les chercher en Asie et en Afrique. Il y avait, disait-on, dans ce pays qui prêtait à tant de récits fabuleux, un souverain chrétien qui portait le nom de *prêtre Jean*. Les Portugais voulaient l'affermir dans sa foi et le délivrer des infidèles dont il était entouré de toutes parts.

Sur leur route ils rencontrèrent des sauvages idolâtres, comme les Espagnols en trouvèrent aussi en Amérique. Ils résolurent de les convertir au christianisme. Aussi des missionnaires accompagnaient toujours les guerriers. Des évêchés furent établis dans toutes les contrées qu'on explorait. Les Jésuites surtout fondèrent en Asie et en Amérique de grandes missions et travaillèrent à baptiser et à civiliser les indigènes. Les prêtres ne manquaient jamais de bénir au départ des expéditions qui devaient être si profitables à l'Église. Ainsi commençaient de nouvelles croisades, dans ces mondes ignorés et dans ces terres promises.

Il y avait encore une autre cause à ces expéditions : c'était le désir de s'enrichir par le commerce. Au XVe siècle, on commençait déjà à s'apercevoir que les guerres n'engendrent jamais que des ruines, et que la vraie source de la prospérité d'une nation est le travail. On avait vu les républiques maritimes d'Italie, et surtout Venise, acquérir des richesses inouïes par le commerce de l'Orient. Nulle part on ne trouvait de plus somptueux palais, de plus riches ameublements, des costumes plus coûteux. Là les patriciens étaient tous des marchands, et ils affichaient un luxe de rois. On disait que Venise était plus riche que la France; et sa fortune datait du jour où les Vénitiens étaient allés à Alexandrie chercher *les épices* de l'Orient.

Nos ancêtres, avant Christophe Colomb, Vasco de Gama et Magellan, étaient à peu près privés d'épices. Sans doute le poivre et la noix muscade, la vanille et le clou de girofle sont articles de gourmets; avec du pain, de la viande, des légumes et des fruits, nos ancêtres avaient de quoi ne pas mourir de faim. Mais ces denrées elles-mêmes, qui sont denrées de première nécessité, pouvaient manquer par suite d'épidémie ou de disette. Il y a de mauvaises années; et il est très utile de pouvoir faire venir d'Amérique le blé ou la viande qui manquent dans notre pays.

De plus il y a vivre et bien vivre. On ne connaissait pas alors la fabrication du sucre de betterave. Tout le sucre arrivait des pays chauds : le moindre petit morceau coûtait à peu près son pesant d'or. Le café, le thé, dont l'usage s'est introduit plus tard, nous viennent l'un de l'Arabie et l'autre de la Chine. L'acajou et le palissandre qui servent à confectionner nos meubles nous sont envoyés d'Amérique. Le cacao dont on fabrique le chocolat, le caoutchouc qui est employé à tant d'usages, sont également originaires d'Amérique. Le coton et la soie sont des matières premières des pays chauds. Nos aliments, nos vêtements, nos meubles, tout ce qui nous sert ou qui nous égaye dans la vie vient donc pour une bonne partie des mondes nouveaux découverts au XVe siècle.

Nous ne prétendons pas que nos ancêtres fussent complètement privés de tous ces objets. Mais bien peu d'entre eux pouvaient se les procurer. Il fallait presque être un millionnaire pour manger du sucre, pour boire quelque liqueur ou pour porter des tissus de soie [1].

Ces produits venaient surtout de l'Inde et de l'Arabie. On en chargeait des vaisseaux, dont bien peu arrivaient à Suez à cause, des vents et des pirates. De Suez il fallait les transporter par terre jusqu'à Alexandrie. C'est là que les vaisseaux de Venise allaient chercher ces précieux ballots. Pour les faire arriver en Allemagne, en France ou en Angleterre, il fallait payer un nombre infini de droits de douane, courir tous les risques de transports sur des routes pleines de brigands. Aussi les épices se vendaient au consommateur plus de cent fois ce qu'elles avaient coûté.

Les Espagnols et les Portugais voulurent aller directement dans l'Inde afin d'en rapporter sans intermédiaire les épices. Ils firent, comme on l'a dit, le métier d'*épiciers en grand*. Ils trouvèrent par surcroît le coton et la soie, des mines d'argent, d'or et de diamants. Ils étaient aux sources mêmes d'immenses richesses.

Les chevaliers et les croisés de l'Océan furent donc aussi des chercheurs d'or et des chercheurs d'épices. Trop souvent les crimes qu'engendre la soif de l'or dés-

1. En 1664, deux livres de thé furent offertes au roi d'Angleterre, Charles II, comme un présent digne de lui. Elles coûtèrent 4 livres sterling et 5 shillings, c'est-à-dire 106 fr. 25, qui vaudraient de nos jours à peu près 300 fr. Et cependant on connaissait alors depuis longtemps la route de l'Inde et de la Chine. Quel eût été le prix de ce thé avant Vasco de Gama?

honorèrent les soldats et les chefs de ces expéditions. Nous n'aurons pas du moins à adresser ce reproche aux deux héros dont nous racontons la vie. Ils songeaient à la gloire plus qu'à la fortune. On était encore à l'âge d'or des grandes découvertes.

Les Portugais et les Espagnols tentèrent ces entreprises bien avant les Français et les Anglais : on le comprend lorsqu'on se rappelle l'histoire d'Espagne. — Dès le commencement du moyen âge, l'Espagne avait été conquise par les Maures ou Sarrazins. Les chrétiens avaient été refoulés dans le nord. Ils entamèrent contre leurs ennemis une guerre sainte et nationale qui dura plus de six siècles. Quand ils eurent reconquis tout leur territoire, les Portugais et les Espagnols prirent leur revanche en allant combattre les Maures dans leur patrie, l'Afrique, d'où ils étaient venus.

De proche en proche les Portugais finirent par faire le tour de l'Afrique ; ils passèrent de là dans l'Inde, d'où ils rapportaient les épices en Europe à bien meilleur compte que les Vénitiens. Les Espagnols voulurent avoir aussi leur route directe vers l'Inde. La croyance que la terre est ronde commençait à se répandre de plus en plus. Christophe Colomb se dit qu'il pourrait aller dans les Indes par la route de l'Ouest, comme on y était allé avant lui par la route de l'Est. Sur son chemin il trouva l'Amérique qui lui barrait le passage. Il crut avoir touché les rivages de l'Inde. Mais Magellan, peu de temps après Colomb, put faire le premier le tour du monde. Son escadre revint, en suivant toujours la même direction vers l'ouest, au point d'où elle était partie. Et désormais les deux grandes routes océaniques étaient ouvertes par le sud de l'Afrique et par le sud de l'Amérique!

Ainsi, après la glorieuse tentative de Christophe Colomb, celles de Vasco de Gama et de Fernand Magellan ont été certainement les plus fécondes en importants résultats. Ces deux marins illustres ont été tous deux contemporains, tous deux animés du même désir de se faire un grand nom. Tous deux ils mirent au service d'une grande ambition une vive passion de la gloire et un noble devouement à la science.

Tous deux Portugais, ils ont suivi des routes différentes, et leurs voyages se complètent sans se répéter. Vasco de Gama, resté au service de sa patrie, a le premier pénétré aux Indes en doublant le cap de Bonne-Espérance. Magellan, passé au service de l'Espagne, s'est dirigé comme les Espagnols vers l'Amérique, et il a tourné le premier le nouveau continent par le détroit qui porte son nom.

Nous ferons donc à leur suite deux grands voyages en sens contraire; nous rappellerons les incidents les plus curieux et les plus émouvants de la découverte des deux routes modernes à travers l'Océan. C'est l'histoire du tour du monde tel qu'on pouvait le faire au commencement du XVIe siècle [1].

1. Deux récits contemporains nous ont surtout servi : celui d'Alvaro Velho pour Vasco de Gama, celui d'Antonio Pigafetta pour Magellan. Tous deux sont publiés au tome III des *Voyageurs anciens et modernes* par M. Édouard Charton. Nous citerons souvent les *Lusiades* du Camoëns : le grand poète portugais n'a fait que traduire en beaux vers l'histoire de Vasco de Gama. Ceux de nos lecteurs qui voudraient avoir plus de renseignements les trouveraient dans la splendide collection du *Tour du monde* que publie la maison Hachette depuis 1860.

LE

TOUR DU MONDE

IL Y A QUATRE SIÈCLES

PREMIÈRE PARTIE

VASCO DE GAMA

CHAPITRE PREMIER

LES ANTÉCÉDENTS DE LA DÉCOUVERTE

Premières découvertes des Portugais. — Barthélemy Diaz et le cap des Tempêtes. — Covilham et le « Prêtre Jean ». — La route des Indes par mer. — L'académie scientifique de Sagres. — Difficultés du voyage. — Famille de Vasco de Gama. — Son éducation. — Préparatifs de son premier voyage.

Vasco de Gama a eu la gloire de découvrir la route de l'Inde par l'Est au sud du cap de Bonne-Espérance. Cette découverte est une des plus grandes des temps modernes; elle a changé les anciennes voies commerciales. Elle a ruiné les peuples de la Méditerranée pour enrichir ceux de l'Océan. Mais elle n'est pas due au hasard. Comme tous les grands progrès de la science, elle a été longuement préparée : elle a été élaborée pendant près d'un siècle. Elle a été comme le dernier terme et le plus glorieux effort des Portugais pour contourner par mer le dangereux continent de l'Afrique.

Dès 1418 les marins portugais abordent aux îles Madère;

ils y plantent les vignes de Chypre. Déjà ils méprisent les plus terribles légendes. On racontait que Saint-Brandam avait péri au cap Bojador, frappé de la main de Dieu : Gil Lanez franchit le cap Bojador (1433), son expédition est considérée comme un travail d'Hercule. Mais elle est bientôt dépassée. Le cap Blanc et le cap Vert sont successivement franchis (1441-1446). La Guinée est atteinte : les Portugais en ramènent des esclaves nègres qui apprennent à leurs nouveaux maîtres qu'au delà de ces pays brûlés, disait-on, par le soleil, il y a des terres fertiles et habitées.

L'ère des grandes explorations allait commencer. Jean II, roi de Portugal (1481-1495), s'intitula dès son avènement seigneur de Guinée. Il obtint du pape Innocent VIII des bulles qui recommandaient la croisade contre les infidèles. Ses vaisseaux s'avancèrent successivement jusqu'au Bénin et jusqu'au Congo et explorèrent plus de deux cents lieues de côtes. Il reçut même une ambassade du roi de Bénin. L'ambassadeur lui parla pompeusement d'une sorte de souverain religieux qui demeurait en Afrique à deux cent cinquante lieues du Bénin, à l'est, et auquel les rois, à chaque avènement, ne manquaient pas d'envoyer des présents comme à leur suzerain.

Les Portugais rapprochèrent ces récits des traditions que rapportaient à ce moment les voyageurs au retour des Indes. Ceux-ci déclaraient qu'il y avait au fond de l'Afrique, près de l'océan Indien, un chef puissant, pratiquant la religion chrétienne, le *prêtre Jean :* il était entouré de tous côtés par les musulmans; mais avec l'aide de Dieu il avait toujours réussi à les tenir en respect. Sur les cartes de cette époque, qui étaient naïvement illustrées des produits ou des habitants de chaque contrée, on représentait le soi-disant « prêtre Jean »; c'était un jeune souverain, sans barbe, la tête coiffée d'une mitre, assis sur un trône élevé, résidant près de la Pentapole de Libye.

Le roi de Portugal résolut de se mettre en relation avec ce *prêtre Jean*. Il envoya en même temps, dans deux directions opposées, deux expéditions qui devaient atteindre ses États et l'assurer de l'amitié et de la protection du roi de Portugal. La première devait faire le tour de l'Afrique sous les ordres de Barthélemy Diaz, la seconde devait gagner l'Égypte et de là pénétrer chez ce pape légendaire des chrétiens d'Afrique. Elle était sous les ordres de Covilham et de Païva.

L'illustre Barthélemy Diaz commença en 1484 son grand voyage. Il dépassa bientôt le Congo et longea des terres que nul Européen n'avait encore mentionnées. Il fut jeté à une distance considérable de sa route. Alors les équipages, perdus sur l'immensité des mers, se révoltèrent et voulurent forcer Diaz à revenir en arrière. Il obtint à grand'peine trois jours de délai pour continuer de marcher en avant. Enfin, il fut obligé de s'arrêter à l'embouchure d'un petit fleuve, qu'il appela du nom de son second le *rio Pero Infante.*

A sa grande surprise, en revenant vers le sud-ouest, il découvrit un cap formidable, où les vents et les courants se livrent une sorte de perpétuelle bataille. Il l'avait déjà doublé sans le savoir lors de son premier passage. Il l'appela du nom bien mérité de *cap des Tempêtes*. Était-ce bien le cap qui terminait l'Afrique vers le sud? N'était-ce pas seulement le commencement d'un golfe? et en continuant de longer la côte, ne retrouverait-on pas de nouveau un littoral dirigé encore vers le sud? Voilà ce que Barthélemy Diaz ne pouvait assurer.

Le roi le reçut cependant avec les plus grands honneurs, lorsqu'il revint en 1487 après plus de deux ans de navigation. Le roi était persuadé que son glorieux chef d'escadre avait découvert la pointe la plus méridionale de l'Afrique. En cela il avait raison. Et afin de ne pas décourager les tentatives nouvelles, il changea le nom de mauvais augure du cap des Tempêtes; il lui donna le nom de cap de Bonne-Espérance, qui lui est resté. Barthélemy Diaz n'avait pas réussi complètement et n'avait pu atteindre le royaume du prêtre Jean. Sa tentative fut cependant le point de départ de la grande entreprise de Vasco de Gama.

L'autre expédition était arrivée plus près du but. Elle ne servit pas moins à Vasco de Gama. Camoëns en la racontant est saisi d'une vive émotion :

« Le règne du roi Jean vit éclore une entreprise audacieuse, inouïe, et qui semblait au-dessus des forces de l'homme. Il résolut de pénétrer jusqu'au berceau de l'Aurore..... Animés de son esprit, dépositaires de sa pensée, d'intrépides voyageurs traversent l'Espagne, la France, l'Italie. Ils s'embarquent au port de Parthénope[1]...

« La mer de Sicile les porte rapidement vers les plages sablonneuses de Rhodes. Bientôt ils parviennent aux rivages qui furent témoins de la mort de Pompée (l'Égypte). Ils visitent la nouvelle Memphis et les plaines que fécondent les eaux du Nil, les campagnes désertes où gît Thèbes aux cent portes et l'Éthiopie qui garde encore la loi du Christ.

« Ils franchissent les ondes sacrées qui s'ouvrirent jadis sous les pas d'un peuple aimé du ciel... derrière eux fuient les champs de l'Arabie Heureuse, et les deux autres Arabies avec leurs rochers et leurs brûlants déserts. Un détroit qui semble avoir conservé le souvenir de l'antique Babel[2], les conduit dans ce golfe où, fiers d'une illustre origine, le Tigre et l'Euphrate réunissent leurs ondes. Puis se confiant à cette mer que Trajan[3] n'osa franchir, ils s'avancent vers les bords de l'Indus, bords fameux qui fourniront un jour à l'histoire ses plus admirables récits.

« Déjà les peuples du Sindh et du Kerman avaient offert à leurs regards les mœurs, les usages variés qui distinguent le

1. Ancien nom de Naples.

2. Il n'y a aucun rapport entre la tour de Babel et le détroit de Bab-el-Mandeb dont il est ici question. C'est une simple analogie de consonance.

3. Trajan, empereur romain, qui fit campagne en Arabie et s'arrêta sur les bords du golfe Persique.

monde oriental; mais ce long et pénible voyage ne promettait pas aux Portugais un retour facile. Ils moururent sur une terre lointaine, les yeux tournés vers cette douce patrie qu'ils appelaient en vain. » (Traduction de M. Clovis Lamarre.)

Quelques lignes d'explication sont nécessaires pour éclaircir ce beau récit poétique. Arrivés en Égypte, Pierre de Covilham et Alphonse de Païva s'étaient embarqués sur la mer Rouge et s'étaient séparés à Aden. Païva mourut en cherchant à atteindre les États du légendaire prêtre Jean. Covilham s'embarqua pour l'Inde sur l'un des nombreux vaisseaux qui faisaient le trafic entre les deux pays. Il eut le bonheur d'arriver à Calicut, à Goa. « Il s'informa bien amplement, dit un vieil auteur, de *l'épicerie* qui croissait en l'Inde, et des villes principales de la dite Inde, desquelles il mit les noms en la carte marine qu'il portait. »

Covilham, bien muni de renseignements et d'échantillons des produits de l'Inde, revint par mer, à travers tout l'océan Indien, à Sofala sur la côte d'Afrique. Il y vit des nègres semblables à ceux de la Guinée et s'imagina qu'ils sont tous de même race « et que c'est toute une côte; et que *par mer on peut venir aux Indes* ». Voilà donc enfin exprimée nettement la première pensée de l'expédition pour laquelle Vasco de Gama va traverser sur mer tant de milliers de lieues.

Covilham, de retour au Caire, apprit la mort de Païva : il continua tout seul l'entreprise dont il était chargé. Après de nombreuses aventures, il franchit le haut rempart des montagnes de l'Abyssinie et pénétra enfin dans les États d'un prince chrétien. Il crut avoir trouvé en lui le fameux « prêtre Jean». Mais il mourut avant d'avoir pu quitter ce pays. Fort heureusement, un juif espagnol qui l'avait accompagné rapporta au roi Jean II les mémoires, les cartes, les collections d'objets précieux ou curieux que Covilham avait recueillis dans l'Inde ou en Abyssinie. Son voyage avait donc produit tout ce qu'on en pouvait espérer.

Tous ces documents furent étudiés et médités dans la célèbre académie de Sagres. Cette académie avait été fondée, vers 1415, par l'infant dom Henri à l'extrémité sud-ouest de la côte portugaise, à quelques lieues du cap Saint-Vincent. De là s'étendait à perte de vue cet Océan dont les Portugais avaient juré de connaître toutes les parties. Là se dressait un observatoire pour l'étude de l'astronomie, cette science sœur de la navigation. Là étaient réunies toutes les cartes marines récentes, toutes les mappemondes où l'on dessinait les terres nouvelles avec les figures d'hommes et d'animaux les plus bizarres que l'imagination eût inventés. Là se pressaient les plus illustres marins, tous les explorateurs de terres nouvelles, tous les pilotes et les chefs d'escadre ; et ils trouvaient rassemblés dans une sorte de musée les livres, les journaux de bord, les échantillons de plantes et d'animaux, les instruments nautiques, en un mot tout ce qui pouvait les renseigner sur les diverses contrées de la route à parcourir, ou leur faciliter les découvertes nouvelles. De Sagres étaient partis les premiers explorateurs portugais ; leurs successeurs, qui préférèrent s'embarquer à Lisbonne, continuèrent de fréquenter à Sagres cette grande académie consacrée à l'art nautique et à la science.

Désormais le roi de Portugal ne songea plus au « prêtre Jean ». Il ne s'occupa plus que de trouver la route nouvelle vers l'Inde. Covilham avait bien pu faire le trajet de Calicut dans l'Inde à Sofala en Afrique, n'y avait-il pas moyen d'arriver à Sofala par mer, en doublant le cap de Bonne-Espérance que Diaz n'avait fait qu'entrevoir et en s'élevant beaucoup au nord des contrées où il s'était arrêté ? Tel était le problème nouveau. De Sofala on irait ensuite facilement dans l'Inde.

Covilham lui-même n'était pas le premier Européen qui eût voyagé dans ces contrées. On savait qu'à la fin du XIIIe siècle le célèbre Vénitien Marco Polo avait vécu plus de vingt ans à la cour d'un souverain Mongol ; qu'il l'avait accompagné dans de grandes expéditions au *Cathay*, que nous appelons la Chine, et au *Cipangu* qui correspond au Japon; que du Cathay ce même Marco Polo était revenu par mer, en longeant les côtes de l'océan Pacifique et de l'océan Indien, jusqu'à Ormuz, et de là par terre en Europe. Un Vénitien avait fait la moitié de la route; un Portugais ne pourrait-il pas faire l'autre moitié?

Mais pour tenter une route nouvelle, que d'obstacles et de dangers! C'est d'abord la crainte qu'inspire naturellement l'inconnu : qu'étaient ces terres et ces mers où nul Européen n'avait jamais pénétré : si l'on pouvait y arriver, n'y serait-on pas brûlé par un soleil de feu? brisé contre les écueils? englouti par des vagues hautes comme des maisons? n'y serait-on pas le jouet des courants marins, des tempêtes et des trombes? On ne se dirigeait alors qu'à la voile; un navire était l'esclave des vents; la boussole seule servait à indiquer la route, et on évitait autant que possible de perdre de vue les côtes, de peur de ne plus pouvoir les retrouver.

Arrivés au terme du voyage, les marins avaient encore à redouter toutes les maladies des pays chauds, la peste, les fièvres, la dysenterie, les insolations, maux cruels dont il est encore aujourd'hui très difficile de guérir, et dont les remède sétaient alors à peu près inconnus. Puis, s'ils débarquaient chez des sauvages, ils couraient le risque de mourir frappés de leurs flèches empoisonnées, d'être offerts en sacrifice à leurs divinités sanguinaires, ou d'être mangés par des cannibales[1]. S'ils abordaient chez des musulmans, ils avaient plus à redouter encore de leur fanatisme, de leurs armes perfectionnées, de leur art plus raffiné pour faire périr les chrétiens dans d'horribles supplices.

Tels étaient les dangers réels d'une expédition au delà des

1. Peuples cannibales ou anthropophages, c'est-à-dire peuples qui se nourrissent de chair humaine, la plupart du temps de leurs prisonniers de guerre. Il y en a encore maintenant à l'intérieur de l'Afrique

mers. Ils n'étaient rien encore auprès des dangers imaginaires. On était alors dans l'enfance des grandes découvertes; or l'enfance est crédule : elle accepte sans contrôle les contes les plus absurdes. Souvent même, l'imagination aidant, l'enfant embellit encore ce qu'on cherche à lui faire croire. A cette époque, les auteurs de cartes semblaient prendre à tâche de décourager à l'avance les voyageurs. Ils les peuplaient à l'envi de toutes sortes de monstres.

Dans la mappemonde de Juan de la Cosa, composée au temps de Vasco de Gama, on voit dessiné un souverain africain qui a une tête de loup; dans d'autres on place sur les bords du Nil des centaures, des satyres[1], des hommes qui ont une tête sans cou; on représente encore à côté d'animaux réels suffisamment redoutables, ours, lions ou léopards, des êtres étranges éclos dans l'imagination des poètes, comme des griffons et des hippogriffes; dans la mer on fait vivre tout un monde de salamandres et de dragons[2]; et l'on ajoute encore, comme si ce n'était pas assez de tant d'épouvantails, des génies malfaisants qui soufflent la tempête et qui soulèvent les vagues.

Aussi le désir de s'enrichir et la passion de la gloire ne suffisaient pas toujours pour soutenir jusqu'à la fin ceux qui se lançaient dans de si grandes entreprises. Les simples matelots surtout, ceux qui partageaient par ignorance tous les préjugés et toutes les vaines terreurs de la foule, se décourageaient vite. Quand ils avaient souffert longtemps de la faim et de la soif, quand ils avaient navigué pendant de longs mois, quand ils se trouvaient à des milliers de lieues de leur

1. Les centaures et les satyres sont des monstres imaginaires de la mythologie grecque. Les centaures avaient le buste de l'homme et le corps du cheval; les satyres étaient représentés avec des pieds, des jambes et une queue de bouc.

2. Le griffon, animal fabuleux, moitié aigle et moitié lion. — L'hippogriffe, moitié cheval et moitié griffon. — La salamandre, énorme lézard d'eau. — Le dragon, animal fabuleux qu'on représente avec des griffes, des ailes et une queue de serpent. Tous ces animaux fabuleux étaient décrits avec complaisance par les poètes du moyen âge et représentés dans les armoiries des familles nobles.

patrie, en pleine mer, souvent chassés par les vents contraires, alors leur imagination se laissait hanter par toutes sortes de spectres. Ils croyaient véritablement aux génies malfaisants. Ils se révoltaient contre leurs chefs. Il fallait alors revenir en arrière; c'est ainsi que Barthélemy Diaz avait dû rebrousser chemin; et dans la plupart des grandes expéditions maritimes, il n'est question que de complots, de trahisons et de révoltes de l'équipage.

Mais quelque grands que soient les obstacles et les périls, les Christophe Colomb, les Vasco de Gama, les Magellan ne se laissent pas décourager. Ils ont une âme inaccessible à la crainte. Leur vraie devise est celle de notre célèbre Jacques Cœur[1] : « à vaillants cœurs rien d'impossible. » Ils marchent en avant soutenus par une foi vive, et par l'espérance de se faire un grand nom. Sans doute ils comptent rapporter d'énormes richesses : mais qu'ils le sachent ou non, ils travaillent aussi pour leur patrie et pour la science.

Ainsi, malgré tant de difficultés et de périls, l'idée de pénétrer aux Indes par mer n'apparaissait plus comme une chimère. Barthélemy Diaz et Covilham avaient contribué à la faire accepter. Il fallait maintenant qu'un homme s'emparât de cette idée et se dévouât pour trouver la route nouvelle. Ce grand homme fut Vasco de Gama.

Vasco de Gama[2] est né dans une petite ville maritime du Portugal, appelée Sines, à environ vingt-quatre lieues au sud de Lisbonne. La date de sa naissance est ordinairement fixée à l'année 1469 : cependant il est probable qu'en 1497, lorsqu'il partit pour sa grande expédition, il avait plus de vingt-huit ans.

1. Jacques Cœur, trésorier du roi Charles VII, qui contribua avec Jeanne d'Arc à chasser de France les Anglais.

2. Son vrai nom était *Vasco da Gama*. *Gama* signifie femelle du daim. Le féminin *da*, en portugais, est donc plus naturel. Mais nous conservons ici à dessein le nom sous lequel on désigne toujours notre héros et qui est devenu si populaire.

La famille de Gama s'était illustrée dès le règne d'Alphonse III, roi de Portugal, au temps de saint Louis. Quelques historiens prétendent même que notre navigateur descendait d'Alphonse III. Son père Estévam de Gama exerça d'importantes fonctions à la cour du roi Jean II et fut même le gouverneur d'Alphonse, fils de ce prince. Il s'était fait un nom célèbre dans les explorations dirigées dès cette époque sur la côte d'Afrique. Il eut de sa femme, dona Isabelle, plusieurs enfants, et entre autres Vasco et Paul de Gama, qu'il destinait tous deux à la marine.

Peu nous importent toutefois ces généalogies; Gama s'est donné à lui-même, par son travail et par son génie, une noblesse personnelle qui vaut mieux que celle de tous les rois dont il aurait pu descendre. L'homme n'a de valeur que par lui-même et non par ses ancêtres.

On ne sait rien de son enfance, ni de son éducation. Mais il acquit certainement de très bonne heure une expérience consommée de la navigation. Sous le roi Jean II, il fut chargé d'aller saisir dans les ports du royaume les navires français qui s'y trouvaient mouillés. Le roi de Portugal voulait se venger par cet acte de violence de la prise d'un navire portugais, qui revenait de Mina chargé de poudre d'or. Ce navire avait été capturé par des *corsaires*[1] français. Mais Charles VIII ordonna la restitution du bâtiment et la punition des coupables, et Vasco de Gama dut s'abstenir de toute hostilité.

Il accompagna sans doute dans des voyages lointains quelques-uns des plus illustres marins de son temps. Mais ses biographes n'ont gardé aucun souvenir de ses premières courses. Ce qui est certain, c'est qu'il s'était fait un grand nom comme capitaine et comme marin. Nul ne le dépassait pour la prudence, le courage et la fermeté. Il était également

1. Il ne faut pas confondre les *corsaires* avec les *pirates*. Les corsaires sont les volontaires des armées de mer reconnus par l'État. Les pirates sont les brigands des mers.

capable de suivre les négociations les plus délicates et de frapper les coups les plus audacieux. A ce mélange de calcul et de hardiesse qui faisait de lui un homme d'action, il joignait une science étendue. Il avait étudié à fond les journaux de bord et les mémoires de ses prédécesseurs. A la simple vue d'une carte, il se représentait la contrée, avec ses habitants et ses productions les plus curieuses. Il avait l'intuition des terres inconnues; il devinait par une sorte d'instinct supérieur les routes qui permettraient d'y aborder. Joignez à toutes ces éminentes qualités du navigateur une confiance inaltérable dans le succès, un enthousiasme communicatif, la passion de la gloire, et une foi profonde dans la bonté de Dieu, et vous comprendrez qu'un tel homme ait pu inspirer à tous ceux qui l'entouraient l'amour des grandes choses et le dévouement des héros.

Depuis les voyages de Diaz et de Covilham, il était pénétré de l'idée d'arriver aux Indes par la route de mer. Cette idée bien arrêtée dans son esprit avait donné naissance à un projet mûrement réfléchi et conçu avec précision. Le nouveau roi de Portugal, Emmanuel le Fortuné, était gagné lui-même à ce projet. Il l'appuya énergiquement auprès du conseil des Indes, qui, après avoir délibéré longtemps sur le choix d'un chef, désigna Vasco de Gama.

Un ancien chroniqueur, Pedro de Mariz, a raconté cet épisode en l'entourant de circonstances tout à fait romanesques. Il prétend qu'un soir Emmanuel était à l'une des fenêtres de son palais, réfléchissant comme toujours aux moyens de réaliser ses gigantesques projets. Le hasard aurait amené tout à coup Vasco de Gama dans la cour, alors solitaire, sur laquelle donnait le balcon royal. « Vasco de Gama sera *capitan major*[1], » s'écria le roi; et dès lors il aurait pris la résolution formelle de lui confier le commandement de l'escadre.

Nous ne croyons pas à cette petite scène artistement ar-

1. Le grade de capitan major équivaut à celui de chef d'escadre.

rangée. Le hasard se trompe le plus souvent : quand un choix qu'on attribue au hasard est justifié par le succès, c'est presque toujours parce que l'homme qui réussit était en même temps le plus digne de réussir. Si Vasco de Gama n'avait pas été déjà l'un des plus illustres marins du Portugal, Emmanuel le Fortuné ne l'aurait pas considéré comme envoyé par Dieu pour commander une expédition si importante. Nous aimons mieux croire, selon le récit d'un historien plus digne de foi, que l'entreprise fut mûrement discutée entre le roi, le conseil des Indes et Vasco de Gama lui-même. La réflexion eut plus de part que le hasard dans la préparation de toute l'expédition.

On peut, il est vrai, s'étonner que Vasco ait été préféré comme chef d'escadre à Barthélemy Diaz ; mais Diaz n'avait obtenu qu'un demi-succès. Il avait découvert le fameux cap de Bonne-Espérance, sans pour ainsi dire se douter de l'importance de sa découverte. Il n'avait pas dompté ses équipages révoltés; il n'avait pas complètement réussi. Barthélemy Diaz fut chargé d'escorter l'escadre de Vasco de Gama avec un navire d'approvisionnements, puis de se diriger vers la côte de Guinée et de ramener de Mina d'importants convois. C'était une lucrative expédition où le célèbre marin devait faire sa fortune. Barthélemy Diaz obtint donc une sorte d'indemnité pécuniaire. Mais c'est Vasco de Gama qui eut l'honneur d'ouvrir la route nouvelle.

Aucune précaution ne fut omise pour faire réussir l'expédition. « Il ne fallait pas, dit un auteur du temps, que, pour l'accomplissement de pareilles découvertes, les navires fussent d'un port trop considérable ou en trop grand nombre. En conséquence le roi notre sire ordonna la construction de quatre petits bâtiments dont le plus grand ne devait pas excéder cent tonneaux[1], parce que, pour se diriger vers des

1. Tonneau ou tonne, mesure de capacité employée pour le jaugeage des navires, qui vaut : en volume, 1 mètre cube ou 1000 litres; en poids, 1000 kilogrammes.

terres si complètement ignorées, il n'était pas nécessaire qu'ils fussent plus grands. Ceci fut ainsi ordonné pour qu'ils pussent entrer et sortir prestement partout.

« D'habiles constructeurs secondés par d'habiles ouvriers les exécutèrent, en y employant les bois les plus solides et les ferrements de première qualité. Chaque navire fut pourvu de triple rechange de voiles et d'amarres; les autres agrès aussi bien que les cordages furent doublés trois ou quatre fois; les fûts des tonneaux et des barils propres à contenir l'eau, le vin, le vinaigre et l'huile furent renforcés par de nombreux cercles de fer, afin d'assurer ce qu'ils contenaient.

« Les approvisionnements en pain, vin, farine, viande, légumes, objets de pharmacie, l'artillerie, l'armurerie de toute espèce, tout fut fourni en aussi grande quantité que les circonstances l'exigeaient. Il y eut même, on peut le dire, du superflu. Les principaux pilotes, les meilleurs marins, les plus habiles en l'art de la navigation que renfermait le pays furent envoyés avec Gama.» (Traduction de M. Ferd. Denis.)

Christophe Colomb n'avait pas été si bien muni. La reine d'Espagne lui avait fait pour ainsi dire l'aumône de trois petites caravelles[1], dont une seule était pontée, les deux autres n'ayant aucun plancher pour relier les bordages. On tremble à l'idée de cette expédition sur des mers inconnues, qui devait durer si longtemps, entreprise avec de si frêles esquifs! Aujourd'hui que la route est bien connue et qu'on a de l'Océan et de l'Amérique des cartes d'une exactitude complète, on n'oserait pas entreprendre ce grand voyage sur des embarcations aussi légères. Vasco de Gama était mieux préparé pour sa grande expédition. Le roi de Portugal avait compris déjà qu'il est mauvais d'épargner l'argent quand il s'agit de la vie des hommes et des intérêts de la science.

1. On appelait du nom de *caravelles* de légers bâtiments de commerce.

La petite escadre se composait de trois bâtiments. Sur le *Saint-Gabriel*, jaugeant 120 tonneaux, Vasco de Gama planta son pavillon. Le *Saint-Raphaël* eut pour commandant Paul de Gama, frère puîné de Vasco. Le *Berrio*, simple caravelle de 50 tonneaux, fut confié aux ordres d'un marin expérimenté,

NAVIRE A VOILES DU XVe SIÈCLE.

Nicolas Coelho, qui devait plus tard trahir son chef, après lui avoir rendu les plus éminents services. Enfin Pedro Nunez, serviteur de Gama, commandait un petit bâtiment qui portait des provisions. L'habile pilote Pero de Alemquer, qui avait déjà réussi à doubler avec Diaz le cap de Bonne-Espérance, montait la galère de Vasco. Les deux autres pilotes s'appelaient Jean de Coïmbre et Pierre Escolar. L'équipage était

TOUR DE BÉLEM.

composé de 160 hommes, plusieurs étaient des soldats d'élite. Mais pour compléter ce nombre, il fallut faire sortir de prison des condamnés à mort à qui le roi promit leur grâce à leur retour de l'Inde.

Des galériens graciés! voilà une partie de l'équipage de Gama. N'y-a-t-il pas à craindre qu'ils ne soulèvent les autres marins? qu'ils ne répandent tout au moins l'esprit d'insubordination et de révolte! Quel danger pour Vasco de Gama de commander à de tels hommes, des voleurs, des assassins, le rebut de la société! Mais Vasco de Gama n'hésite pas, parce qu'il ne pourrait sans eux compléter son équipage. Il saura toucher le cœur de ces hommes, par l'espoir d'obtenir leur pardon de Dieu comme du roi. Il saura leur inspirer de nobles sentiments, les associer à son succès et à sa gloire. Il s'en fera des compagnons et des auxiliaires dévoués : et jamais il n'aura à leur reprocher le moindre acte d'indiscipline. Tant est puissant même sur les âmes perverties l'ascendant du génie!

Tout était donc prêt pour la grande entreprise. Les navires étaient gréés, l'équipage était à son poste. Après avoir entendu selon la coutume une messe solennelle, et reçu la bénédiction de l'évêque, la petite escadre mit à la voile d'un endroit appelé le Rastello, tout proche de Lisbonne. C'est là que devait s'élever plus tard, après le retour de Vasco de Gama et comme action de grâces de son heureuse réussite, la fameuse abbaye de Santa-Maria de Bélem qui est encore maintenant l'un des plus célèbres monuments du Portugal. La petite flottille gagna majestueusement la pleine mer, le 8 juillet 1497, au milieu des larmes des parents et des amis, au milieu des souhaits et des acclamations d'une population enthousiaste. Christophe Colomb était revenu depuis peu de temps de l'Amérique. Le Portugal allait avoir à son tour son Christophe Colomb.

CHAPITRE II

DE LISBONNE A PORT NATAL

Le *routier* d'Alvaro Velho. — Les nègres de Mina. — Sacrifices humains. — Le pays des Hottentots. — Aventure de Fernand Velloso. — Le cap de Bonne-Espérance. — La légende du Géant des tempêtes. — Les piliers de démarcation. — L'océan Indien.

Les chefs d'escadre ont l'habitude de tenir un journal de bord, c'est-à-dire de consigner jour par jour, tous les évènements, toutes les découvertes, en un mot l'histoire même de leur traversée. Vasco de Gama ne manqua pas sans doute de suivre cet usage. On n'est pas sûr cependant qu'il ait écrit un journal de ce genre : et s'il l'a écrit, on ne l'a pas retrouvé. Mais, à côté de l'illustre chef, un humble matelot du nom d'Alvaro Velho notait chaque jour toutes ses impressions. Ce précieux document nous est parvenu sous le nom modeste de *routier*. C'est une description fidèle et naïve de ce qui est arrivé dans toute la *route*.

Grâce au travail obstiné de cet obscur marin, la postérité est informée d'une façon certaine de tous les détails de l'entreprise. On sait quels furent les chemins suivis, les principaux points de relâche; on connaît toutes les surprises des navigateurs, tous les dangers qu'ils ont courus, et toutes leurs grandes découvertes. Alvaro Velho est un peintre exact, d'une fidélité scrupuleuse, qui raconte naïvement tout ce qu'il voit. Il se trompe quelquefois; il ne nous trompe jamais. Il a le mérite de nous faire connaître beaucoup d'évènements dont il n'est rien dit dans les autres relations.

La première partie du voyage était la plus facile : beaucoup d'expéditions étaient parvenues déjà jusque dans la Guinée. La route était suffisamment connue et les cartes dressées dès cette époque indiquaient, avec une assez grande exactitude, la côte, les îles voisines et les points où l'on pouvait relâcher. — Aussi en quelques jours la petite flottille s'engagea dans les mers africaines. Au bout d'une semaine elle mouilla à Lancerote, une des Canaries.

Un premier incident se produisit par le travers du rio d'Ouro, ou rivière d'Or, au sud du cap Bojador. Une forte tempête et un épais brouillard séparèrent brusquement Paul de Gama du reste de l'escadre. Mais le capitan major avait fixé à l'avance plusieurs étapes où les navires devaient s'attendre en cas de dispersion. En conséquence Paul de Gama put rejoindre son frère à Santiago, l'une des îles du Cap-Vert, heureux présage pour le succès de l'expédition!

De Santiago, l'escadre se dirigea en doublant le cap de Sierra-Leone vers le port de Mina sur la côte de Guinée. Le port de Mina, c'est le port des mines d'or qu'on croyait exister dans cette région. Les nègres de la côte échangent, en effet, avec les navigateurs, de la poudre d'or qu'ils ont recueillie dans leurs petits cours d'eau. Ce sont de petites *pépites* ou grains d'or, qu'on trouve mêlés au sable : quelquefois les pépites sont assez grosses, et l'on en a vu en Californie et en Australie qui pesaient plusieurs kilogrammes. Mais en Afrique elles sont très petites; les nègres ont bien de la peine à les recueillir, en lavant et en tamisant les sables qui forment le lit de leurs torrents. C'est un travail très pénible, très ingrat, et qu'aucun Européen ne voudrait faire en Afrique.

Ces nègres, parmi lesquels Barthélemy Diaz allait vivre pendant quelques mois, étaient bien les plus dangereux voisins qu'on pût imaginer. Leurs diverses tribus sont continuellement en guerre. Elles cherchent à faire beaucoup de prisonniers. Les malheureux captifs ne sont pas vendus comme esclaves. Ils sont nourris par les petits souverains de la contrée, afin d'être offerts en sacrifice à leurs idoles. Les nègres de ce pays croient que ces odieux sacrifices contribuent à la conservation du royaume. Le sang répandu doit, disent-ils, rendre la terre féconde, éloigner la foudre et tous les maux. Aussi, pour une victoire remportée, pour la naissance des enfants d'un roi, pour le couronnement d'un nouveau prince, on multiplie les hécatombes de victimes humaines. Cela tient la place, chez ces peuples, d'un grand festin et d'une belle fête : et le roi le plus riche est celui qui sacrifie le plus de vies humaines. Le nombre des malheureux traînés à la mort est le signe de la puissance et de la prospérité du prince.

Diaz réussit cependant à accomplir sa mission. Il n'avait pas de forces suffisantes pour combattre les féroces indigènes et supprimer leurs pratiques sanguinaires. Les Anglais, maîtres actuels de cette contrée, n'y sont même pas encore parvenus complètement. Mais Diaz créa à Mina un établissement qui devint prospère, où l'on fit pendant deux siècles le commerce de la poudre d'or et aussi la traite des nègres[1], ce qui est moins à l'honneur des Européens. Diaz revint bientôt en Portugal et put repartir au bout de peu de temps pour l'Afrique, sa terre chérie, où il devait mourir.

Les trois navires qui restaient continuèrent leur route sous les ordres de Vasco de Gama. Des vagues brisées, des tempêtes, des calmes plats, plusieurs descentes sur la côte afin de se procurer du bois, de la viande et de l'eau, tels furent

1. La *traite des nègres*, c'est le commerce des esclaves noirs que les Européens achetaient sur la côte d'Afrique pour les vendre en Amérique. Ce hideux commerce a cessé seulement dans ces dernières années, avec l'abolition de l'esclavage dans tous les États d'Amérique.

les incidents de la traversée pendant deux mois, le long des côtes de la Guinée et du Congo. Malgré son ardeur, Vasco n'avançait qu'avec prudence; il ne perdait presque jamais de vue la terre. Quand le vent cessait de souffler, il fallait bien rester *en panne*[1]. A cette époque il n'y avait pas de ces bateaux à vapeur qui bravent les vents et les courants de la mer, et qui suivent par tous les temps leur route fixée. Alors les navires étaient le jouet des vents, et l'on ne pouvait jamais prévoir ni le chemin qu'on serait obligé de suivre, ni le temps que durerait un voyage.

Au bout de cinq mois, c'est-à-dire en novembre 1497, nos hardis navigateurs approchaient du célèbre cap de Bonne-Espérance. Ils avaient déjà franchi l'équateur et le tropique du Capricorne[2]. Ils constataient, comme l'avait fait Barthélemy Diaz, que la température s'abaissait graduellement. Ils rencontraient des baleines en plus grand nombre. Dans ces parages les baleines viennent de l'Océan glacial Antarctique. Elles sont entraînées vers le nord par les courants maritimes, qui apportent aussi d'énormes blocs de glace flottante. C'était la preuve que l'escadre portugaise arrivait dans ces régions plus froides qui terminent au sud le continent africain.

Vasco de Gama, après avoir longtemps cherché un mouillage favorable, put enfin jeter l'ancre dans une baie qui lui sembla spacieuse et bien abritée et qu'il appella la baie de Sainte-Hélène. Comme il n'oubliait pas le but de son entreprise, qui était d'assurer au Portugal de nouveaux marchés pour le commerce, il se mit en rapport avec les naturels. Il ne trouva que de misérables nègres qui vivent encore aujourd'hui comme du temps de Vasco de Gama. Ils se nourrissent

1. C'est-à-dire en place, sans avancer.

2. L'équateur est le grand cercle que l'on voit tracé sur les globes terrestres à égale distance des deux pôles. Les tropiques sont des cercles plus petits, parallèles à l'équateur et qui en sont éloignés au nord et au sud d'environ 23 degrés $\frac{1}{2}$; comme le degré vaut 111 kilomètres, la distance entre l'équateur et le tropique est de 2618 kilomètres, ou environ 650 lieues.

des loups de mer, des baleines, de la viande des gazelles et des racines des plantes. Ils se couvrent ordinairement de peaux à cause du froid. Leurs armes sont des cornes durcies au feu, qu'ils ajustent à des gaules d'une sorte d'olivier sauvage. Vasco leur montra de la cannelle et du clou de girofle, de la poudre d'or et des perles, leur faisant signe d'en apporter pour les échanger s'ils en avaient. Mais eux n'avaient jamais vu aucun de ces objets.

Un jour, dans cette même baie, les marins descendus à terre entraînèrent à bord un nègre qu'ils avaient surpris sur la montagne au moment où il allait à la chasse aux abeilles. Vasco lui fit donner des grelots, des grains de cristal qui lui causèrent une grande joie et il lui rendit la liberté. Le lendemain beaucoup d'autres nègres accoururent, abordèrent familièrement les Portugais, et, pour en obtenir ces mêmes cadeaux qu'ils enviaient à leur compagnon, ils donnèrent aux marins les coquilles nacrées qui leur servaient de pendants d'oreilles, et des queues de renards attachées à des perches qu'ils agitaient en guise d'éventails.

Les marins de Vasco auraient bien voulu l'entraîner à terre : il refusa d'abandonner sa galère capitane, se défiant avec raison des dispositions de ces sauvages qu'il ne connaissait pas. Mais un des jeunes gens de sa suite, Fernand Velloso, obtint la permission de risquer l'aventure et de partir à la découverte. Il méprisait des naturels aussi pauvres et aussi mal armés.

Nous laissons ici la parole au grand poète Camoëns, qui dans ses *Lusiades* a dépeint cet épisode ; c'est un tableau plein de fraîcheur, de vie, et en même temps d'une vérité absolue.

« Velloso, qui se fie à la valeur de son bras, part hardiment, se croyant en toute sûreté ; mais, après un long espace de temps pendant lequel je cherchais[1] à distinguer un signal

1. C'est Vasco qui parle. Il raconte ses aventures au roi de Mélinde. Voy. l'excellente traduction de M. Azevedo, au chant V.

favorable, comme j'avais les yeux anxieusement tournés dans la direction qu'avait prise notre aventurier, je le vois apparaître sur la montagne inculte, se dirigeant du côté de la mer plus vite qu'il n'était parti.

« Soudain le bateau de Coelho s'élance pour aller le prendre ; mais, avant qu'il soit arrivé, un audacieux nègre fond sur lui, de peur qu'il ne lui échappe : un autre accourt, puis un autre encore ; privé de tout secours, Velloso se trouve dans une situation effrayante. Aussitôt je cours à son aide, et pendant que je tire l'aviron, une foule de nègres apparaît à nos yeux.

« Une épaisse grêle de flèches et de pierres tombe sur nous sans mesure et ce ne furent pas projectiles jetés au vent, car j'y ai moi-même gagné une blessure à cette jambe. Mais, dans notre ressentiment, nous leur donnâmes une réponse si méritée, que, amateurs de la couleur vermeille, ils purent la voir cette fois mieux que sur des bonnets rouges[1].

« Après avoir mis Velloso hors de danger, nous nous retirâmes dans la flotte, indignés de la ruse infâme et lâche de ce peuple sauvage et bestial... Alors, aux rires de tous les mariniers, l'un d'entre eux dit à Velloso : « Eh bien, ami Velloso, « sur cette colline, il est plus facile de descendre que de monter. — Oui, répond l'audacieux aventurier ; mais lorsque j'ai « vu tous ces chiens se diriger vers vous, je me suis hâté de « venir, me rappelant que vous étiez ici sans moi. »

« Puis il raconta qu'après avoir dépassé la colline, les nègres ne le laissèrent pas aller plus loin, menaçant de le tuer s'il ne s'en retournait pas ; et aussitôt qu'il fut parti, ils se mirent tout à coup en embuscade, comptant que, lorsque nous viendrions le chercher, ils pourraient nous envoyer dans le royaume ténébreux pour nous voler plus à leur aise. »

Cet intéressant épisode n'est que le récit de la première

1. C'est-à-dire que leur sang coula.

entrevue de Vasco avec les indigènes d'Afrique. Ces indigènes, qui habitent le littoral au nord-ouest du Cap, sont les Hottentots; ils se divisent en un certain nombre de tribus, dont les plus nombreuses et les plus connues sont les Namaquas et les Boschimens. Les Hottentots habitent une terre ingrate, qui de l'océan Atlantique monte par étages successifs jusqu'aux plateaux de l'intérieur. Un grand fleuve arrose le pays, le fleuve Orange ou Gariep; mais en dehors de ce fleuve on ne trouve plus que des lits de petits torrents ordinairement desséchés.

Partout ailleurs s'étend une nappe de terre rougeâtre et fendillée, sans végétation pendant neuf à dix mois de l'année. Au printemps, qui correspond à notre automne, quelques pluies viennent régulièrement rafraîchir le sol. L'herbe alors peut croître sur l'aride plateau, et même de maigres fleurs apparaissent çà et là. Mais bientôt les rivières tarissent, l'eau devient boue, et les misérables tribus cherchent un asile dans les terres plus hospitalières des hauteurs, ou sur les bords du grand fleuve. Dans une contrée si aride, les animaux sont très rares. Il n'y a guère, en fait de quadrupèdes, que le rhinocéros, l'élan, l'antilope[1]. Les Européens ont dans ces derniers temps acclimaté le mouton, dont l'estomac frugal se ontente des plus maigres herbages. Aussi l'exportation de la laine a pris beaucoup d'importance. L'autruche habite aussi ces déserts.

Dans les endroits les plus favorables, les Hottentots cultivent un peu de grain. Mais leur sottise et leur imprévoyance sont telles que, à peine la moisson terminée, ils se mettent à manger jour et nuit, jusqu'à ce qu'ils aient dévoré toute la récolte. Leur devise pourrait être : *Festin aujourd'hui et famine demain*. La récolte faite, personne ne travaille plus;

1. Le rhinocéros est un animal sauvage, presque de la taille de l'éléphant, qui porte une ou deux cornes sur le nez. L'élan, la gazelle et l'antilope sont de l'espèce du cerf.

ceux qui se montrent économes et prévoyants ont l'avantage d'être pendant le reste de l'année assiégés par des mendiants, par des parasites. Sous prétexte qu'ils sont leurs parents et leurs amis, ces paresseux les mettent à contribution tant qu'il leur reste la moindre provision. Il semble que dans ce pays singulier ce soit une sottise d'être prudent.

On cite des Boschimens qui sont restés quatre et cinq jours sans manger. Mais quand ils trouvent quelque animal, ils le dévorent sur-le-champ. Cinq Boschimens peuvent manger en une heure de temps une brebis grasse tout entière. Ensuite ils se livrent à un repos absolu jusqu'à ce qu'ils soient de nouveau pressés par la faim; encore faut-il que cette faim soit bien vive, car, avant de se remettre à la chasse aux vivres, ils aiment mieux se serrer le ventre avec une courroie que de sortir de leur inertie.

Durant des mois entiers, ils mangent des oignons et des racines. Les *termites*, espèces de grosses fourmis qui vivent en grand nombre dans les déserts les plus arides, sont un de leurs mets favoris. Quand les sauterelles s'abattent en nuées sur leurs plateaux, ils s'en nourrissent avec avidité. Ils sont forcés souvent de déjeuner d'un lézard, de dîner d'un serpent venimeux à qui ils ont coupé la tête et les poches du venin; ils mangent sans répugnance les animaux les plus immondes. Leur seule industrie consiste à fabriquer des armes. Leurs arcs ont cinq pieds, c'est-à-dire près de deux mètres de long. Leurs flèches ont deux pieds et demi; elles sont faites de tiges de roseaux, ils y attachent une plume d'un côté et de l'autre un os pointu, une corne ou, quand ils le peuvent, une petite pointe du fer. Les Boschimens habitent une espèce de nid au milieu des buissons; ils le forment en recourbant les branches au-dessus d'eux; c'est de là que leur vient leur nom, qui signifie hommes des buissons. Une famille entière se blottit la nuit dans un de ces nids. Ils sont pliés en deux pour tenir moins de place; ils se couvrent d'une peau de mouton

FEMMES HOTTENTOTES FAISANT PROVISION D'EAU DANS DES ŒUFS D'AUTRUCHE.

en cas de pluie. Ils n'ont d'autre animal domestique que des chiens d'une misérable espèce. Alvaro Velho constate avec étonnement que ces chiens aboient comme les nôtres.

Les Hottentots sont de taille moyenne; ils ont la peau noire, la chevelure frisée et laineuse. Les femmes ont une sorte de bosse dans le prolongement des reins qui produit l'effet le plus bizarre. Leur vêtement habituel est un tablier qu'elles appellent le *kaross*. Il y a le kaross de devant et celui de derrière. Le premier, beaucoup plus court que l'autre, ne descend guère que jusqu'au genou. Il consiste en deux ou trois petits tabliers coupés par bandes étroites ou lanières, et qui, à force d'être portés, finissent par ressembler à un paquet de cordes. Par derrière le kaross est un tablier tantôt simple, tantôt double, mais toujours plus large et plus long que l'autre et qui n'est jamais divisé. Il descend ordinairement au-dessous du gras de la jambe. Il n'est garni d'aucun ornement, parce qu'il sert aux femmes pour s'asseoir. Beaucoup de bracelets, de colliers, de ceintures, soit en corde artistement tressée, soit en verroteries, soite n petits fragments de coquilles d'œufs d'autruche, complètent leur costume.

Les hommes ont un vêtement encore beaucoup plus simple. Il consiste presque uniquement en une ceinture de cuir, à laquelle est attaché par devant une sorte de poche et par derrière une bande de cuir assez large qui retombe en queue d'animal. Au-dessus, hommes et femmes, pour se garantir du froid, portent, suivant la saison, le grand kaross, c'est-à-dire un manteau sans manches formé de peaux de mouton. Ils ont aux pieds des sandales de cuir. Pour éviter les atteintes du soleil, ils se frottent le corps avec de la graisse mêlée d'une poudre odorante qu'ils appellent *buku* et qui est bien le plus détestable parfum qu'on puisse imaginer.

Les Hottentots, qui se nourrissent, se logent et s'habillent à si peu de frais, n'ont donc presque aucune industrie ni aucun outil; ils élèvent leurs enfants comme les animaux : ils connaissent à peine les liens de la famille. Ils vivent en petites hordes sans chef régulier : le droit du plus fort tient lieu de loi. Ce sont assurément les derniers des hommes. Et comme ils sont incapables de travail et de progrès, les colons européens les ont refoulés peu à peu dans les déserts et dans les terres les plus mauvaises, parce qu'ils répugnent à vivre avec de tels voisins.

Vasco de Gama ne s'attarda point dans ces parages ingrats, au milieu de sauvages qui ne comprenaient rien au négoce et qui avaient cherché à capturer le seul des marins qu'il eût laissé descendre à terre. Il était pressé de lancer ses vaisseaux sur des mers que jamais Européen n'eût encore visitées. Jusqu'au cap de Bonne-Espérance, il était pour ainsi dire en pays de connaissance. Il lui fallait donc tout d'abord doubler ce cap si dangereux.

C'est en effet devant cette terrible pointe que se livre le combat des eaux. Là est le point de rencontre de l'Atlantique, de l'océan Indien et de l'Océan glacial antarctique. Quelle que soit la direction des vents et des courants dans chaque océan, il y aura donc à ce point des vents et des courants contraires. De là des tourbillons affreux; de là des vagues énormes, hautes quelquefois de près de vingt mètres et entre lesquelles de gros navires peuvent disparaître jusqu'au sommet de la mâture. Dans la saison chaude, un autre danger menace encore le marin. D'énormes blocs de glace, détachés de la région du pôle, tournoient, sont soulevés avec les vagues, et viennent fondre en face du cap sous un climat identique à celui d'Alger. C'est une lutte éternelle des éléments, une sorte de chaos perpétuel. Ces parages sont encore de nos jours justement redoutés des marins.

Combien devait être grande l'angoisse de Vasco de Gama, jeté au milieu de l'immense Océan, sur ses frêles esquifs, en approchant de ces rivages! Diaz seul avait vu ces côtes. On n'avait pas encore de carte détaillée : on ne savait si des récifs et des rochers ne briseraient pas les navires au large. Le pilote de l'expédition, Péro d'Alemquer, cherchait la redoutable pointe et la tempête semblait prendre à tâche de l'en écarter.

Ici encore il faut laisser la parole au poète Camoëns. Il imagine qu'un géant monstrueux, du nom d'Adamastor, habite ces rochers et ces mers, soulève les flots, et engloutit tous les mortels assez téméraires pour oser le braver dans sa retraite. Nous prenons le récit au moment où Vasco de Gama raconte lui-même l'apparition supposée du géant :

« Soudain nous apercevons dans les airs un fantôme imposant, d'une taille robuste et gigantesque, au visage abattu, à la barbe inculte. Les yeux de ce géant étaient creux et enfoncés, son maintien terrible et menaçant, son teint pâle et terreux; dans ses cheveux crépus, il y avait des nids de poussière et sa bouche toute noire laissait entrevoir des dents jaunes.

« Ses membres étaient si puissants qu'on pouvait facilement le prendre pour le second colosse de Rhodes[1], l'une des sept merveilles du monde : à le voir et à entendre sa grosse voix, qui semblait sortir du profond Océan, mes compagnons et moi nous sentîmes un frisson parcourir nos veines et nos cheveux se hérisser.

« Téméraires, s'écria le géant, peuple le plus hardi de tous ceux qui ont illustré l'univers, vous à qui les guerres sanglantes et les travaux héroïques n'accordent ni repos ni trêve, vous qui franchissez sans crainte les bornes prescrites, et osez naviguer sur mes mers immenses, que moi, de ma vigilance perpétuelle, j'ai toujours préservées contre l'arrivée de tout navire venu de l'étranger ou même de ces parages;

« Puisque vous venez voir les occultes secrets de la nature et de l'élément humide, secrets qu'aucun homme, quelque illustre ou immortel qu'il fût, n'a pu découvrir, écoutez le

1. Statue colossale érigée en avant du port de Rhodes. Les plus gros navires du temps pouvaient passer avec leurs mâts et leurs voiles entre ses jambes écartées.

récit des châtiments réservés à votre audace excessive sur l'océan immense et dans les pays que plus tard vous subjuguerez par la force de vos armes.

« Apprenez que tous les vaisseaux qui oseront faire ce voyage et vous imiter, trouveront dans ces parages ennemis des vents contraires et des tempêtes effrayantes; à la première flotte qui traversera ces vagues indomptables, je préparerai soudain une punition si terrible, qu'après avoir été en butte à un grand danger, elle subira un désastre plus grand encore.

« Ici même, si mes pressentiments ne me trompent pas, j'espère tirer de mon révélateur une vengeance éclatante, et là ne s'arrêtera point le châtiment de votre confiance obstinée : chaque année, si mes présages sont véridiques, vos flottes seront victimes de naufrages et de maux de toute espèce, dont le moindre sera la mort.

« Et tout d'abord un illustre héros, dont la gloire s'élèvera jusqu'aux cieux, condamné par les décrets de la Providence, trouvera dans mes flots une éternelle sépulture, et y laissera les superbes trophées remportés sur la flotte turque[1]. Quiloa détruite et Mombaza se joindront à moi pour le menacer de nouveaux malheurs.

« Un autre aussi viendra, noble et libéral chevalier, qui amènera la belle épouse dont l'Amour lui aura généreusement fait don[2]. Une triste destinée, un sort affreux les appellent sur mon territoire; victimes de mon ressentiment, ils auront échappé à un cruel naufrage pour subir d'atroces souffrances.

« Ils verront mourir de faim leurs enfants bienaimés, nés et élevés au milieu de tant d'amour; ils verront les Cafres

1. Il s'agit de Barthélemy Diaz, mort en 1500 au milieu de la tourmente effroyable qui jeta du Cap vers le Brésil l'escadre commandée par Alvarez Cabral.

2. C'est le premier vice-roi des Indes, François d'Almeïda, qui périt dans un combat contre les Cafres.

féroces et avides dépouiller la belle dame de ses vêtements, et laisser exposés à la chaleur ou au froid ses membres blancs comme l'albâtre, ses pieds délicats qui auront foulé pendant de longues heures les sables brûlants. »

Le poète dans ce dernier épisode si touchant rappelle les malheurs de Manoel de Sépulveda. A son retour des Indes avec sa femme Eléonore, il fit naufrage contre les écueils du cap de Bonne-Espérance; il échappa à ce désastre avec sa femme et ses enfants. Mais il les vit périr de faim ou de détresse au milieu des sauvages traitements des Cafres. Alors, prenant dans ses bras le plus jeune de ses enfants, le dernier survivant, il s'élança au milieu des forêts, où il fut sans doute dévoré par les bêtes fauves. Mais continuons de rapporter avec Camoëns la célèbre légende d'Adamastor :

« Ainsi s'exprimait le monstre horrible en nous présageant notre avenir, lorsque je me levai et lui dis : « Qui donc es-tu, « toi dont le corps surprenant me remplit d'admiration? » A ces mots, tordant sa bouche et ses yeux noirs, et poussant un cri épouvantable, d'une voix lente et amère, comme si ma question l'avait affligé :

« Je suis ce grand et occulte cap à qui vous donnez le nom de cap des Tourmentes, et que jamais Ptolémée, Pomponius, Strabon, Pline[1], ni aucun mortel n'ont aperçu. Ici, dans ce promontoire inconnu aux humains et que votre audace a tant irrité, je finis toute la côte africaine, en m'étendant jusque vers le pôle antarctique. »

Et Adamastor raconte qu'il fut un des géants qui s'engagèrent dans la fameuse lutte contre Jupiter. Épris de la nymphe Thétis, il lui demanda de s'unir à lui. Mais, pleine de répugnance pour un monstre tellement hideux, elle obtint du Destin qu'il fût changé en un immense rocher qu'elle devait battre éternellement de ses flots :

1. Géographes grecs et latins dont les écrits faisaient encore autorité au xve siècle.

VASCO DE GAMA ÉRIGE UN PADRAO OU PILIER MONUMENTAL.

« Je sentis ma chair se convertir en une terre dure, et mes os devenir des rochers : ces gigantesques membres que tu vois s'étendirent le long de ces eaux; enfin mon corps immense fut changé par les dieux en un promontoire éloigné, et pour redoubler mes chagrins, Thétis m'entoure toujours de ses eaux.

« Ainsi parlait-il, et en poussant un terrible gémissement il disparut subitement à nos yeux; aussitôt l'obscur nuage se défit et on entendit mugir la mer en courroux. (*Lusiades*, ch. v, traduction de M. Azevedo.)

Les mugissements supposés d'Adamastor n'étaient pas aussi redoutables que la réalité, c'est-à-dire les trois océans en furie qui venaient heurter et confondre leurs eaux. Mais aucune crainte n'avait prise sur les compagnons de Vasco! Il leur fallut cinq jours pour doubler le cap : ils restèrent pendant tout ce temps exposés aux plus affreuses tourmentes. Enfin, après quatre tentatives manquées, ils en recommencèrent une cinquième qui réussit, et le 25 novembre 1497 ils entraient se reposer dans la baie de San Braz, à l'est du cap de Bonne-Espérance. Ils y restèrent treize jours, pendant lesquels ils détruisirent le bâtiment qui portait les approvisionnements; on les chargea sur les autres navires.

Là Vasco de Gama commença ses premières luttes contre les indigènes; il fit avec eux quelques échanges. Mais lorsqu'il envoya ses matelots pour renouveler sa provision d'eau, un combat commença, et c'est à coups de bombarde, c'est-à-dire de canon, qu'il eut raison de ces sauvages. Pour laisser un souvenir de son passage, il fit construire par ses marins un pilier de démarcation qu'il surmonta d'une croix avec l'étendard du Portugal. Puis il rangea ses hommes en armes sur le bord de la mer, et, au grand étonnement des naturels, il dédia ce monument à la Vierge Marie.

Le capitan major passa sans s'y arrêter devant l'île de la Croix, devant le pilier monumental ou *padrao* laissé par Barthélemy Diaz plus au nord et devant le rio Infante, la dernière limite atteinte par lui. Ici Vasco de Gama entrait dans les mers où nul Européen n'avait encore navigué. « Et à partir de ce jour, dit Alvaro Velho, Dieu voulut par sa miséricorde que nous allassions de l'avant et non comme précédemment faisant route contraire. Et puisse-t-il vouloir qu'il en soit toujours ainsi! »

CHAPITRE III

DE PORT-NATAL A MÉLINDE

L'inconnu. — Le pays des Cafres et des Zoulous. — Travail des femmes. — Danses guerrières. — Relations avec les naturels. — La mode des lèvres percées. — Le scorbut. — Mozambique. — Le roi Cotylam. — Sommation non respectueuse. — Les bombardes. — Une bataille pour avoir de l'eau. — Chasse aux pilotes. — Mombaza. — Mélinde. — Entrevue avec le roi. — Le pilote indien.

Il est donné à peu d'hommes de trouver et d'ouvrir à leurs semblables des routes nouvelles sur notre globe. Les plus grands héros de l'antiquité, le Macédonien Alexandre, le Carthaginois Annibal, ont dû à la découverte de routes nouvelles leur gloire la plus pure. Vasco de Gama a tenté la même entreprise dans les temps modernes et y a réussi. Nous allons le suivre désormais dans des mers qu'il a révélées le premier à l'Europe. A partir du point où s'était arrêté Barthélemy Diaz, le voyage de Gama se divise naturellement en deux parties : 1° *le long de la côte orientale* d'Afrique : il la remonte vers le nord jusqu'à Mélinde; 2° *à travers l'océan Indien:* il s'embarque à Mélinde et il aborde heureusement à Calicut, sur la côte occidentale de l'Hindoustan.

Déjà Vasco avait dépassé au nord le rio Infante, qui rappelait le nom du second de Barthélemy Diaz. Aidé par le vent favorable, il découvrit en peu de temps 60 lieues de côtes, et le 25 décembre il aborda à un port qu'il appela *Port Natal*, à cause du jour où il l'avait atteint[1]. Ce port est encore le meilleur de toute la contrée, qui est absolument dénuée de mouillages de facile accès. Aussi les Portugais durent-ils rester longtemps à la mer sans pouvoir renouveler à la côte leur provision d'eau. On était forcé de cuire les aliments avec de l'eau de mer. La ration de chaque homme était réduite à environ un litre par jour.

Manquer d'eau sous une chaleur torride, alors qu'on est en mer et qu'un vent contraire peut éloigner le navire de la côte, quelle angoisse! et comme nos courageux matelots durent être heureux, lorsque, le 10 janvier de l'année 1498, ils purent enfin mouiller le long de la côte, à l'embouchure d'un petit fleuve qu'ils avaient aperçu du large. Ils étaient restés dix-sept jours, n'ayant qu'une ration d'eau insuffisante qui se réduisait de plus en plus, menacés de mourir de soif.

Le pays que Vasco de Gama voyait se dérouler devant lui depuis qu'il avait doublé le cap, c'était le pays des Cafres. Bien plus riche, bien mieux doté par la Providence que le pays des Hottentots, la Cafrerie s'étend sur tout le littoral du sud-est de l'Afrique jusqu'à l'embouchure du Zambèze. Le sol s'élève aussi depuis la mer jusqu'aux montagnes de l'intérieur par une suite de terrasses et de plateaux en étages. Ce sont comme les marches d'un gigantesque escalier. Mais, au lieu d'être aride et désséché, ce pays est au contraire coupé d'un nombre infini de ruisseaux et de rivières. Il convient tout à fait aux céréales, aux pâturages; et à mesure qu'on s'approche du Zambèze, les grands arbres et les belles plantes des régions tropicales se multiplient. Beaucoup de ruisseaux roulent des paillettes d'or; le cuivre et l'étain sont en assez grande abondance.

Les Cafres sont un peuple très nombreux, divisé en une multitude considérable de tribus. Les plus connues sont les

1. Les Portugais donnent le nom de *Natal* à la fête de Noël, qui tombe le 25 décembre, en souvenir de la naissance du Christ.

Bassoutos et les *Béchuanas*, en partie soumis par les Anglais, et qui vivent dans les environs de Natal. Plus au nord sont les *Zoulous*, encore indépendants et qui viennent d'engager la guerre contre les Anglais. A l'intérieur du pays, on trouve les *Makololos*, décrits par Livingstone[1], mais qui ont presque complètement disparu dans ces derniers temps, massacrés par leurs esclaves.

Les Zoulous sont les seuls avec lesquels nos Portugais aient été en rapport. Ils sont de taille très élevée. Ils n'ont pas, comme les autres nègres de l'Afrique, les traits écrasés, les lèvres épaisses, la mâchoire proéminente, le profil du singe. Ils sont grands, bien faits, vigoureux, d'un caractère énergique et brave, d'une intelligence pleine de ruse. Leur peau est cuivrée, bronzée, plutôt que noire. Un guerrier cafre pourrait être regardé comme la vivante image de ces statues de bronze de l'antiquité qui servent encore de modèle à nos sculpteurs. Ce sont des populations dites *négroïdes*, et non de véritables nègres.

Leur costume est aussi simple que celui des Hottentots. Cependant ils gardent ordinairement sur les épaules une peau de bœuf préparée qui leur tient lieu de manteau. Les femmes ont en outre quelques pièces d'étoffe qui leur servent de robe et de camisole. Un auteur anglais contemporain, M. Trollope, nous fait un croquis très intéressant du Zoulou et de son amour pour la parure : « Les Zoulous, tels que je les ai vus, sont un peuple original et d'une tournure pittoresque. Les Cafres des villes sont vêtus de haillons. Les Zoulous portent des haillons aussi, mais ils les portent avec plus de grâce. On dirait qu'ils les considèrent comme des ornements. Ils s'en parent, ils en sont fiers; plus ces haillons sont déchiquetés,

1. David Livingstone, l'un des plus célèbres voyageurs de notre époque, a parcouru l'Afrique australe dans tous les sens pendant vingt ans. Il a exploré tout le cours du Zambèze ; il est mort en recherchant les sources du Nil. Les Anglais l'ont justement honoré, en lui accordant une sépulture à l'abbaye de Westminster, au milieu des tombeaux de leurs rois.

plus ils leur paraissent agréables. En effet, le Zoulou est artiste. L'un s'en va dans les rues en se redressant avec un vieil habit rouge de soldat anglais, mais rien autre chose, si ce n'est un tout petit caleçon; un autre a seulement un pantalon avec une chemise de flanelle pendant par-dessus ; un costume fort répandu, c'est un sac en toile renversé, au fond duquel on a fait un trou pour passer la tête et deux trous pour passer les bras. Les vieux habits gris ornés de boutons de métal sont très demandés et portés avec une dignité particulière. Une simple chemise criblée de tant de trous que les lambeaux s'en séparent suffit à un jeune domestique zoulou. Accoutumé que vous êtes vous-même à le voir en cet état, vous l'admettez dans votre appartement avec la même facilité qu'ailleurs un laquais poudré. »

« Les ornements proprement dits ont aux yeux du Zoulou plus d'importance que le costume. Et cela lui sied si bien! Des boucles d'oreilles, des bracelets, des chaînes, des épingles à cheveux. Et quelles épingles! de vraies épées. Et quelles boucles d'oreilles? des objets de toutes sortes, si lourds et si volumineux, qu'on dirait que ses oreilles lui ont été données pour porter des fardeaux. Avec leurs cheveux crépus les Zoulous se construisent sur la tête de véritables édifices. Ils adorent les guirlandes : j'ai vu un homme qui roulait une brouette avec une couronne de feuillages. Les vieux chapeaux défoncés si laids sur nos fronts deviennent charmants sur les leurs. Tout leur est propre et tout leur va bien. Avec cela ils sont assez soigneux de leur personne, c'est-à-dire qu'ils se lavent et se parfument à leur manière. »

Leurs huttes sont semblables à de grandes ruches. Elles sont formées d'un lacis de roseaux et de branchages fixés à des tiges flexibles plantées en terre. Le tout est recouvert de bouse de vache. Ce sont leurs somptueux palais.

Ils vivent principalement de leurs troupeaux : c'est une race essentiellement pastorale. Leurs bœufs, moutons et chèvres sont laissés aux soins des enfants de chaque tribu sous la surveillance de quelques vieux bergers. Cependant ils cultivent aussi la terre ; ils récoltent principalement une sorte de millet ou de maïs, qu'ils cuisent dans l'eau ou dans le lait et qui leur sert à faire des galettes grossières. Ils ont aussi des fèves, des haricots, des melons d'eau.

Ce sont les femmes qui cultivent la terre avec un outil analogue à notre bêche. Elles se livrent d'ailleurs à tous les travaux les plus rudes. Ce sont elles qui bâtissent les huttes, qui font la provision d'eau, qui sèment et qui récoltent. Les Cafres sont de grands seigneurs qui en dehors des plaisirs de la guerre et de la chasse se livrent à de longues heures de repos. Ils mettent leur dignité à ne rien faire. Leurs compagnes semblent ne pas même comprendre comment leurs seigneurs et maîtres pourraient les remplacer dans les travaux les plus pénibles. Un jour que Livingstone faisait honte aux maris de laisser leurs femmes porter l'eau et le bois pour construire des huttes, ils allèrent chercher les femmes du voisinage, et toutes les commères réunies se mirent à poursuivre de leurs railleries et de leurs rires le trop sentimental voyageur. Elles sont heureuses ainsi et ne songent pas à se plaindre.

On voit bien au reste que ce sont les hommes qui ont fait les lois de ce pays, si l'on peut appeler lois des coutumes souvent barbares. L'époux peut mettre sa femme à mort, non pas seulement pour certains crimes, mais même si elle a levé la main sur lui. Il faut seulement que le mari se donne la peine de déclarer qu'elle l'a fait avec une intention de meurtre. C'est purement et simplement le droit du plus fort.

En réalité la femme est l'esclave de son mari. Celui-ci l'achète toute enfant au père et à la mère. Il en paye le prix et considère par suite sa femme non comme une compagne, mais comme une servante qui doit lui bâtir sa maison et lui préparer sa nourriture. Le Cafre qui achète sa femme au prix de dix bœufs la paye très cher. En général le cours ordinaire de cette singulière marchandise se maintient au-dessous de cinq bœufs. Les plus riches sont *polygames*, c'est-à-dire qu'ils ont plusieurs femmes, successivement achetées. Là comme partout où elle est établie, la polygamie est un luxe. Heureusement que de nos jours les missionnaires anglais font disparaître de plus en plus ces sauvages coutumes.

La principale occupation de tous les Cafres, et surtout des Zoulous, est la guerre. Ils s'y exercent dès le jeune âge : ce sont d'excellents marcheurs, des chasseurs intrépides. Ils ne quittent jamais leurs villages sans être armés. Leurs armes nationales sont une longue pique qu'ils lancent de loin avec beaucoup de vigueur et d'adresse : on l'appelle *sagaie* ou *assagaie*. Ils ont encore une courte massue, une hache pour combattre de près ou détourner les sagaies, enfin un énorme bouclier qui les couvre presque entièrement. Chaque homme est soldat et toute la tribu est toujours prête soit à attaquer, soit à se défendre.

La guerre chez eux consiste plutôt à surprendre traîtreusement l'ennemi et à lui voler ses bestiaux qu'à descendre courageusement dans la plaine et à livrer un combat régulier. Il n'y a jamais de grandes batailles et ces sauvages se vantent autant d'avoir tué dix hommes en une seule journée que les nations civilisées d'en avoir exterminé huit ou dix mille. Mais ils regardent comme un honneur insigne d'avoir tué un ennemi par quelque moyen que ce soit. Comme témoignage d'une action si glorieuse, le guerrier a le droit de se faire dans la cuisse une longue cicatrice, qu'il rend indélébile en frottant la blessure lorsqu'elle est fraîche avec la cendre de certains bois. Ce sont les décorations des Cafres; on compte leur exploits par le nombre de leurs cicatrices.

Chez les Hottentots on ne trouvait aucune trace de la croyance à un Dieu. Les Cafres ont une vague idée d'un être supérieur qui habite le ciel, qui fait gronder le tonnerre et qui envoie la pluie. Mais ils ne lui rendent aucun culte apparent.

Leur principale superstition consiste à conjurer le méchant esprit, qu'ils appellent *mulumo :* c'est la croyance au diable. Ils ont des amulettes en os ou en ivoire pour se garantir de son influence malfaisante. Ils s'adressent à des magiciens qui leur expliquent les présages bons ou mauvais, et leur prédisent l'avenir au moyen de sable qu'ils versent d'une corne d'antilope.

Ils révèrent certains animaux qu'il est défendu de tuer, principalement à l'époque de la moisson. Cette espèce de vénération est exprimée dans leur langue par un mot qui signifie danser. *Danser un animal* dans la langue des Cafres, c'est donc l'adorer. Chaque tribu a le culte d'un animal différent. Les unes adressent leurs hommages à certaines espèces de singes, d'autres au crocodile, à l'éléphant ou au buffle[1]. D'ailleurs la danse est le plaisir favori de toutes ces tribus. Ce sont toujours des danses guerrières; ils brandissent le javelot et le bouclier en multipliant les grimaces et les postures menaçantes. A la guerre ils commencent toujours l'attaque par la danse et les cris. Ils croient ainsi porter la terreur chez leurs ennemis.

Ils vivent épars sur une grande étendue de terrain : un assemblage d'une dizaine de huttes forme un village. Plusieurs villages composent une tribu. Les chefs sont héréditaires. leur pouvoir est absolu. Il n'est pas rare de voir plusieurs tribus se grouper sous un chef suprême dans les expéditions les plus importantes. Chez les Cafres il y a beaucoup plus de naissances que de décès, et l'on a calculé que tous les trente ans leur nombre doit doubler.

Ainsi Vasco de Gama se trouvait en présence d'une nombreuse et puissante nation, guerrière, défiante, peu hospitalière, et habituée à combattre par la ruse tous les étrangers. Les Cafres sont cependant très capables de se laisser civiliser :

1. Le crocodile est une sorte d'énorme lézard d'eau très dangereux pour l'homme. Le buffle est un bœuf sauvage.

DANSE DES LANDINES OU CAFRES ZOULOUS.

quand ils veulent travailler, ils peuvent devenir d'habiles ouvriers et d'excellents agriculteurs. Mais ordinairement la paresse l'emporte. On cite le trait de ce Cafre qui n'avait pas envie d'aller travailler parce qu'il avait une petite épargne. Il reçut d'un blanc l'offre d'un bon salaire. Le Cafre promit en retour un salaire plus élevé pour faire travailler le blanc à son service.

Vasco de Gama ne resta pas longtemps chez les Cafres. Le 10 janvier 1598, comme il venait d'aborder à la côte près d'un petit fleuve, pour y faire de l'eau, il vit venir vers ses équipages des naturels de grande taille, et parmi eux un chef. Il envoya à leur rencontre Martin Affonso, qui avait déjà séjourné au Congo et qui devait servir d'interprète; il chargea Affonso de donner au chef nègre une jaquette et des chausses rouges, un capuce[1] et un bracelet.

Ce chef revêtit aussitôt ce costume primitif, qui lui semblait plus somptueux que celui d'un roi. Il se mit à danser ainsi affublé : il se montrait à toute la foule ébahie de ceux qui accouraient pour le voir, et tous battaient des mains avec envie. Il entraîna Affonso au milieu du village où il exerçait son autorité. Il le régala d'une galette de millet et d'une vieille poule bouillie. Il l'assura qu'il lui donnerait volontiers tout ce que les Portugais trouveraient à leur convenance dans son pays.

Martin Affonso passa la nuit dans une hutte au milieu des noirs. Il rapporta le lendemain à ses compagnons des poules que le chef lui avait données. Il avait vu dans l'intérieur des villages beaucoup plus de femmes que d'hommes. Tous indistinctement portaient aux bras et aux jambes des ornements de cuivre. Ils ont un moyen tout primitif de se procurer le sel : ils puisent de l'eau de mer dans des œufs d'autruche ou dans des calebasses. Ils jettent cette eau dans des citernes

1. Chausses, ancien nom du caleçon. — Capuce, sorte de capuchon analogue à celui des moines, d'où est venu le nom de *capucins*.

plus larges que profondes, où elle s'évapore assez vite à cause de la chaleur et où se dépose une couche de sel.

Le sel manque à la plupart des peuplades de l'intérieur de l'Afrique. Le sel, indispensable à l'homme, à l'animal, et utile même à certaines plantes, devient ainsi un objet de luxe; les bâtons ou pains de sel s'échangent comme de la monnaie; c'est l'or et l'argent d'un certain nombre de misérables sauvages. Heureux ceux qui vivent au bord de la mer et qui ont eu l'idée d'en évaporer l'eau dans de grands bassins !

En souvenir des bons rapports qu'il avait eus avec les indigènes, Vasco baptisa cette terre du nom de *terra da Boã Gente*, terre des bonnes gens, et la rivière où il était allé renouveler son eau douce, *rio do Cobre*, rivière du cuivre.

En continuant leur route le long de la côte, les Portugais trouvèrent des tribus de Cafres où les femmes, par coquetterie, ont l'habitude de se percer la lèvre en trois endroits, afin d'y introduire de grosses aiguilles d'étain. Ainsi, la lèvre se gonfle, s'étire, s'allonge à l'excès. Cette hideuse mode est cependant considérée comme la marque du bon goût et de la suprême beauté. Elle se retrouve dans plusieurs autres parties du centre de l'Afrique et au Brésil. L'imagination aidant, les auteurs des plus anciennes cartes de ces contrées y dessinaient des êtres humains dont la lèvre se repliait au-dessus de la tête, comme une trompe d'éléphant, et servait d'ombrelle contre le soleil. Bien entendu que les auteurs des dessins n'avaient jamais vu de monstres pareils. Ils les décrivaient seulement d'après les récits exagérés ou mensongers des navigateurs.

Le long des plages, une affreuse maladie vint jeter la consternation parmi les Portugais. Les pieds et les mains enflaient, les gencives se gonflaient de telle sorte que les malades ne pouvaient plus manger; le sang coulait à tout instant par le nez, par la bouche; à la fin les dents tombaient.

Une bonne partie des équipages étaient atteints. Ceux mêmes qui n'étaient pas frappés sentaient leurs forces s'affaiblir, leur énergie diminuer; ils s'effrayaient à l'idée de mourir si loin de leur patrie et d'être enterrés sur une terre sauvage.

Ce mal est bien connu des marins sous le nom de *scorbut.* Il est dû à un séjour trop prolongé à bord des vaisseaux, à l'humidité excessive, à la mauvaise nourriture, et surtout à l'abus des viandes salées et du poisson conservé, qui forment l'alimentation ordinaire des navigateurs. Vasco de Gama, qui craignait toujours les surprises, évitait de laisser descendre trop souvent ses hommes à terre. Il fallut pourtant bien qu'il s'y décidât cette fois. Les Portugais restèrent trente-deux jours campés sur le rivage, à peu de distance d'un grand fleuve. Ils trouvèrent des fruits en abondance, dans de grands vergers que cultivaient les naturels. Les fruits, et surtout ceux qui sont un peu acides, comme l'orange et le citron, sont employés avec succès pour combattre le scorbut. En outre, les marins nettoyèrent le navire : ils séchèrent et aérèrent l'entrepont étroit, obscur, humide et malsain, qui leur servait de cabine. Grâce à ces sages précautions d'hygiène, la santé fut bientôt rétablie.

Vasco de Gama n'avait pas perdu un seul instant son énergie ni sa confiance. Dans ce campement même il avait reçu des renseignements précieux qui l'encourageaient puissamment. « Nous étions restés deux ou trois jours en ce lieu, lorsque vinrent nous visiter deux seigneurs du pays, lesquels étaient si émus qu'ils ne prisaient aucune des choses qu'on leur donnait. L'un d'eux avait sur la tête un turban fait avec une étoffe à raies éclatantes de soie. L'autre portait un capuchon de satin vert. Et venait en leur compagnie un jeune homme qui, selon ce qu'on pouvait comprendre par ses signes, appartenait à un autre pays fort loin de là; et il disait que déjà il avait vu des navires grands comme ceux qui nous amenaient. Nous nous réjouîmes singulièrement de ces indications, parce qu'il nous semblait que nous approchions des lieux que nous voulions atteindre. Et ces gentilshommes firent élever à terre, le long du fleuve, tout près des navires, des cabanes de feuillages où ils demeurèrent durant sept jours environ. De là ils envoyaient chaque jour vendre des étoffes à bord des bâtiments; ces étoffes portaient certaines marques d'ocre rouge. »

Tel est dans toute sa naïveté le récit d'Alvaro Velho, qui se croit encore dans le Portugal, et qui décore pompeusement du titre de gentilshommes de simples trafiquants maures. Il devait être bien étonné de trouver enfin sur la route des hommes plus civilisés que les Hottentots et les Cafres, et qui rassemblaient un peu plus à des Européens. Au lieu de recevoir comme présents des bœufs, des moutons et des poules, seuls objets que pouvaient offrir des sauvages, les Portugais avaient sous les yeux de riches étoffes, produits d'une industrie plus avancée. Ils avaient donc l'assurance qu'ils se rapprochaient des terres si longtemps cherchées. Vasco de Gama, plein d'espoir, voulut laisser la trace de son passage. Il érigea un pilier monumental auquel il donna le nom d'un de ses navires, le *Raphaël;* et il appela le fleuve du nom de *rio dos Boas Signaes*, rivière des bons signes[1].

A partir de ce moment, les Portugais acquirent des preuves de plus en plus évidentes des relations habituelles qu'entretenaient les indigènes de cette côte avec les Indiens. Après une traversée de huit jours ils abordèrent dans la baie de Mozambique[2].

1. Il est probable que ce fleuve des bons signes n'est autre que le Zambèse, c'est-à-dire le plus grand des fleuves de l'Afrique méridionale, qui se jette dans l'océan Indien. Le Zambèse a été exploré par Livingstone.

2. La ville de Mozambique ne fut en réalité fondée que dix ans plus tard (1508) dans la petite île découverte par Vasco de Gama. Mais l'île était déjà habitée par des noirs musulmans. Elle a une lieue carrée d'étendue. Sur 11 000 habitants que compte Mozambique, il y a à peine le dixième d'hommes libres. On compte

« Les hommes de ce pays, dit Alvaro Velho, sont cuivrés bien faits de corps. Ils appartiennent à la secte de Mahomet e parlent le langage des Maures. Leurs vêtements se composen d'étoffes de lin et de coton d'une grande finesse, à raies d diverses couleurs. Ils portent tous sur la tête le turban d soie de couleur éclatante, laissant apercevoir des fils d'or Ils sont marchands et trafiquent avec les Maures à peau blanche.

« Ceux-ci avaient alors en ce même lieu quatre navire chargés d'or, d'argent, de clous de girofle, de poivre, de gingembre et d'anneaux d'argent. Ils avaient en outre à bord des perles et des rubis. Ces Maures devaient emporter tous ces objets. Ils ajoutaient que partout où nous allions passer désormais, ces riches produits se rencontreraient en grande quantité. Les pierres précieuses et les épices y étaient, disaient-ils, en telle abondance, qu'on ne se donnait pas la peine de les acheter et qu'on se contentait de les recueillir dans des paniers. »

Quelle joie d'approcher enfin de ces terres promises tant cherchées, de ces terres des épices, que les Portugais avaient rêvées et où ils comptaient faire fortune ! Dès lors tout leur paraît simple et facile : ils sont comme dans un perpétuel ravissement. Ils échangent de riches présents avec Cotylam le roi du pays. Ils mangent avec délices des légumes et des fruits fraîchement cueillis, des concombres, des melons d'eau, surtout certain fruit du palmier, gros comme un melon, dont la moelle intérieure est excellente, et qui a le goût de l'aveline. Qui ne reconnaît à cette description la *noix de coco?* Les plantations de cocotiers sont en effet très abondantes encore aujourd'hui dans cette partie de l'Afrique.

L'intimité la plus cordiale semblait régner entre les nouveaux arrivants et leurs hôtes. Cotylam avait offert au capi-

seulement une centaine de Portugais. Mozambique est encore aujourd'hui le chef-lieu des établissements portugais de la côte orientale.

tan major le chapelet dont il se servait pour prier, comme un gage suprême d'estime et d'amitié. Vasco avait profité de ces bonnes dispositions pour demander deux pilotes. Il leur offrait comme prime d'engagement trente ducats d'or[1] et deux manteaux espagnols pour chacun. Les deux pilotes ne devaient jamais s'absenter en même temps. L'un des deux devait toujours rester à bord.

Mais voici bien le coup de théâtre le plus inattendu. Le 11 mars 1498 était un dimanche de carême : les Portugais emmenèrent avec eux un des pilotes et allèrent mouiller au large, à peu de distance d'une petite île où l'aumônier devait confesser les matelots, dire la messe, et les faire communier. Le lendemain le pilote révéla sans doute au roi du pays ce qu'il avait vu, car ce personnage somma les Portugais de montrer les livres de leur loi. La scène est décrite par Camoëns et mérite d'être rapportée en entier :

« Ne venez-vous point, leur dit-il, du pays du Prophète? Montrez-moi les livres sacrés où vos législateurs ont tracé les règles de la morale et de la foi. » Le sectateur de Mahomet commençait à soupçonner en eux des adorateurs du Christ. Dans son inquiète curiosité, il veut tout voir, tout connaître, jusqu'aux armes que les Portugais opposent à l'ennemi dans les combats.

« Un habile interprète lui transmet la réponse du héros : « Tu connaîtras, seigneur, ma patrie, mon culte et mes armes. Je ne suis ni du pays ni de la race des Turcs. Enfant de l'Europe guerrière et civilisée, je cherche les terres orientales, si renommées dans l'univers.

« Le Dieu que j'adore est celui qui gouverne la terre et les cieux. La nature vivante, la nature inanimée, le monde et ses merveilles sont l'œuvre de sa puissance. Ami des faibles hu-

1. Le ducat d'or pesait un peu plus que notre pièce de 10 fr. ; il valait environ quatre fois plus, à cause de la rareté de l'or à cette époque.

mains, il a souffert pour eux l'injure de la mort, et n'est descendu du ciel que pour les y faire monter avec lui.

« Les livres sacrés que tu demandes, ce code immortel qu'inspira l'Homme-Dieu, je ne le porte point avec moi. Ai-je besoin de lire sur des feuilles périssables ce qui est écrit dans mon cœur? Quant aux armes des Portugais, comme ami tu les verras. J'aime à penser que tu ne voudras jamais les voir comme ennemi. »

« Il dit, et ses officiers s'empressent d'étaler aux yeux du gouverneur les différentes armures, les lourds brassards, les boucliers ornés de diverses couleurs, les balles, les arquebuses d'un pur acier, les arcs, les carquois chargés de flèches, les pertuisanes aiguës et les lances redoutables [1].

« Les bombes, les bouches d'airain qui vomissent la mort (les canons), rien n'est soustrait aux regards des insulaires. Mais Gama ne permet point aux enfants de Vulcain (les canonniers) d'allumer ces terribles machines. Il dédaigne de déployer sa force devant la faiblesse et de montrer à de vils troupeaux la puissance du lion. » (Traduction de M. Clovis Lamarre.)

Les Maures résolurent de se venger de leur erreur contre ceux qu'ils appelaient des chiens de chrétiens. Nicolas Coelho fut obligé de livrer un véritable combat pour prendre de l'eau à une source. Le lendemain, il y eut une guerre en règle. Les indigènes couraient sur le rivage armés de leurs sagaies, de leurs coutelas, faisant toutes sortes de gambades et de grimaces, et cherchant à atteindre leurs ennemis à coups de flèches et de pierres. Mais Vasco leur répliqua rudement avec ses bombardes. Il les força bien vite à abandonner la plage, à se réfugier derrière les palissades de leur village; et bien que les bombardes fussent plus effrayantes par leur bruit que par leur effet, deux indigènes furent frappés à mort; plusieurs

1. Arquebuses, sorte de fusil primitif. — Pertuisane, sorte de lance qui ressemble à la hallebarde des suisses d'église.

autres, blessés, laissaient en fuyant une trace sanglante qui marquait leur route.

Les Portugais, après trois heures de feu nourri, s'en retournèrent dîner. Puis ils capturèrent la barque d'un trafiquant maure, où ils trouvèrent de fines étoffes de coton, des nattes, des conserves et des liqueurs, avec le Coran, le livre de la loi des mahométans. Vasco distribua tout le butin entre ses matelots, sauf le Coran, qu'il réserva comme un trophée de triomphe pour son roi. Il fit encore quelques démonstrations nouvelles pour s'assurer le respect des habitants de la côte. Il emmena prisonniers un certain nombre de Maures et dit adieu le 1er avril 1498 à ces contrées inhospitalières.

Les mêmes épreuves attendent nos héros jusqu'à Mélinde : ils sont forcés, comme toujours, de lutter contre la nature, et contre l'homme ; le musulman fanatique tourne contre eux tous les moyens de destruction qu'une demi-civilisation a mis à son service. Quand ils sont au large, ils sont chassés par des courants sur les récifs de la côte. Point de phare pour les guider au milieu de la nuit ; point de carte marine pour leur signaler les bas-fonds et les écueils. Ils marchent comme des aveugles, à tâtons, à la découverte : et ils marchent toujours avec la même confiance, inébranlables dans leurs espérances de succès et de gloire.

A Mombaza, Vasco trouve encore les mêmes musulmans fanatiques. Le roi cherche à attirer les Portugais par ses présents, pour les exterminer après leur débarquement. Vasco de Gama met à la torture deux des Maures prisonniers qui lui révèlent le complot. Il reste à l'ancre à distance. Vers minuit les Maures tentent une surprise d'un nouveau genre : ils se jettent à la nage pour aborder sans bruit les navires étrangers. Les hommes de garde prennent ces nageurs pour d'énormes thons : déjà les Maures touchent aux câbles et se suspendent aux chaînes, quand la vigie du *Raphaël* donne l'alarme. Alors ils replongent et s'enfuient vers leurs petites embarcations. « Telles sont les méchancetés et bien d'autres encore qu'ourdirent ces chiens de mécréants ; mais Notre Seigneur ne voulut pas qu'elles fussent couronnées de succès, parce qu'ils ne croyaient pas en lui. »

En quittant Mombaza, Vasco prit de force quelques pilotes indigènes, qui le menèrent jusqu'à Mélinde. C'était là, disaient les Maures, qu'arrivaient chaque jour des navires chargés de tous les produits des Indes. Là aussi les Indiens étaient en grand nombre, habitaient un quartier à part, et conservaient leurs lois et leurs magistrats. Là les Maures pourraient donner aux Portugais des pilotes indiens ; là aussi Vasco pourrait renouveler ses provisions de route et prendre enfin le chemin de la terre tant désirée !

Vasco voulait à tout prix faire alliance avec le roi de Mélinde. Il était nécessaire de le gagner pour pouvoir continuer la route. Vasco députa donc au roi un vieux Maure qui devait lui transmettre des assurances de paix. Le roi répondit que les Portugais pourraient se fournir dans ses États de tout ce qui leur serait nécessaire et qu'il leur permettrait d'engager des pilotes pour la route de l'Inde.

Vasco rassuré fit annoncer qu'il irait mouiller dans le port. Il offrit comme présents au roi une grande robe, deux branches de corail, trois bassines, un chapeau, des grelots, et deux pièces de drap rayé. Le roi qui ne voulait pas être en reste de politesse, envoya un important présent de moutons, de clous de girofle, de cumin, de gingembre [1], de noix muscade et de poivre. Dès le lendemain il vint rendre visite au noble envoyé du roi de Portugal.

Dans cette entrevue toute cordiale le chef portugais ne se départit pas encore de sa prudence habituelle. Il refusa d'aller visiter à terre le palais du roi de Mélinde, en alléguant que le roi de Portugal ne lui avait pas donné la permission de débar-

1. La graine du cumin et la racine du gingembre sont des condiments employés dans certains pays chauds comme le poivre ou la muscade.

quer. Pour offrir au prince un cadeau de bienvenue digne de lui, Vasco lui rendit tous les Maures qu'il avait faits prisonniers. Le roi de Mélinde fut si satisfait de ce bon procédé, qu'il revint dès le lendemain avec une suite nombreuse, porté dans un magnifique palanquin[1] aux sons d'une musique guerrière. Les Portugais furent charmés de voir auprès de lui de vrais Indiens. « Ce sont des hommes au teint basané, couverts de peu d'étoffes, portant une grande barbe avec des cheveux fort longs : ils parlent une langue différente des Maures. Leur religion leur défend de manger de la viande de bœuf. » Les Portugais crurent pourtant qu'ils étaient chrétiens : ils ne devaient même pas être détrompés dans l'Inde.

« La ville de Mélinde est située dans une baie et bâtie le long de la plage... Les maisons sont hautes et bien blanchies; elles sont percées de nombreuses fenêtres le long de la ville; du côté qui regarde l'intérieur, il y a une plantation immense de palmiers joignant les habitations; sur toutes les terres d'alentour sont des cultures de millet et d'autres légumes. » La peinture que fait de cette ville le digne marin de Vasco, est très séduisante. Cette promenade plantée de palmiers, ce port si animé, ces grands entrepôts remplis de tant de marchandises, tout annonçait la richesse et la prospérité de Mélinde. Au contraire, de nos jours Mélinde est un port presque abandonné : c'est dans l'îlot de Zanzibar, à peu de distance de la côte, que se concentre actuellement tout le commerce.

Le roi de Mélinde fut le seul chef musulman qui accueillit Gama sans arrière-pensée. Les Portugais prétendaient même, pour expliquer sa bonne volonté, qu'il était chrétien de cœur. Ils restèrent neuf jours avec lui : neuf jours de réjouissances, pendant lesquels les joyeuses aubades, les marches militaires et les guerres simulées se succédèrent sans relâche. Enfin le roi mit le comble à ses bienfaits en donnant à Vasco de Gama

1. Le palanquin est une litière richement ornée, portée sur les épaules de quatre ou de huit serviteurs.

un pilote indien. Il s'appelait Malemo Canaca. Il était né dans le Guzerate, un des petits royaumes de l'Inde. Il avait des connaissances nautiques assez étendues, et il ne montra aucun étonnement à la vue des cartes marines et des instruments de mathématiques dont les Portugais se servaient.

Malemo Canaca devient ainsi le guide de Vasco de Gama : c'est lui qui va montrer la route la plus courte et la plus sûre pour aborder enfin dans l'Inde. Grâce à lui les Portugais traverseront sans encombre un large Océan. Vasco de Gama peut espérer enfin d'arriver au terme de son long et dangereux voyage.

CHAPITRE IV

DÉCOUVERTE DE L'INDE

Départ de Mélinde. — Les pirates de l'océan Indien. — Arrivée à Calicut. — Le Malabar. — Mouzaïde et les Portugais. — Débarquement de Vasco. — Le Zamorin et le Catual. — Un temple indien. — Réception du Zamorin. — Le bétel. — Pauvreté de Vasco de Gama. — Ses tribulations. — Nouvelle audience. — Mauvais vouloir du Catual. — Captivité déguisée de Gama. — Vente des marchandises. — Détention de Diego Diaz. — Fermeté de Vasco. — Lettre du Zamorin au roi de Portugal. — Attaque des Indiens.

Le mardi 24 avril 1498 fut une grande date dans l'histoire du Portugal. C'est le jour où le premier navire portugais quitta Mélinde pour prendre la route de l'Est, franchir l'océan Indien et pénétrer aux Indes par une route inconnue jusque-là aux Européens. L'équipage était plein de confiance. Et cependant les renseignements géographiques obtenus par les Portugais étaient encore bien erronés. « Vers les parages de l'Inde, dit Alvaro Velho, la côte va nord-sud. La terre, s'ouvrant aux eaux, forme une très grande anse, une sorte de détroit. Dans cette anse, selon les renseignements qu'on nous donna, il y a nombre de cités de chrétiens et de Maures, et une ville que l'on appelle Cambaya; puis 600 îles connues; c'est là qu'est la mer Rouge et le temple de la Mecque. »

Si l'on avait voulu construire une carte d'après ces données, on aurait placé près de Cambaye la mer Rouge, on y aurait semé au hasard 600 îles; on aurait dessiné en face de l'une d'elles la *Kaaba*, c'est-à-dire le temple sacré des Arabes où se font les pèlerinages, on l'aurait placé à plus de 800 lieues au sud-est de sa vraie situation. C'est ainsi par à peu près et sur de vagues on-dit que l'on établit les premières cartes routières.

Le dimanche suivant, nos marins eurent le plaisir de saluer l'étoile du nord, c'est-à-dire notre étoile polaire, qu'ils n avaient pas aperçue depuis longtemps. A partir des côtes du Congo, ils avaient navigué constamment dans l'hémisphère austral. A présent ils se retrouvaient de nouveau au nord de l'équateur. Ils avaient la joie de revoir les mêmes étoiles qu'ils avaient coutume de suivre dans le ciel du Portugal. Heureux présage, qui dut être un nouveau stimulant pour tous ces braves gens et augmenter encore leur confiance dans leur chef.

L'océan Indien était alors le domaine d'une multitude de pirates. Dès longtemps Marco Polo les avait signalés à ceux qui se risqueraient sur cette mer. « Sachez, dit-il, que de ce royaume de Malabar et d'un autre qui a nom Guzerate[1], sortent chaque année plus de 100 nefs[2] pour faire la course. Ils demeurent tout l'été et emmènent avec eux leurs femmes et leurs enfants; ils s'assemblent vingt ou trente nefs ensemble et s'espacent à cinq ou six milles l'un de l'autre, de façon à occuper le plus de place possible sur mer, si bien que nulle nef de vaisseau n'y passe qu'ils ne la prennent. Dès qu'ils voient une voile, ils se font des signaux de feu ou de fumée. Ils la prennent, ils dépouillent tous les marchands. Puis ils les laissent en liberté. « Allez gagner encore, leur disent-ils, et nous vous prendrons encore ce que vous aurez. » Mais les marchands se tiennent sur leurs gardes et vont si bien garnis d'armes et de gens qu'ils ne redoutent plus les pirates. »

Marco Polo raconte encore à ce propos une anecdote fort

1. Deux des anciens États de la côte occidentale de l'Inde.
2. Nef, mot du vieux français signifiant vaisseau.

piquante. Les pirates de Guzerate saisissent souvent des navires où de riches négociants font le commerce des perles et des pierres précieuses. C'est une cargaison qui tient peu de place et qui a une valeur énorme. A la vue des pirates, les malheureux négociants font tout disparaître. « Quand les pirates, dit Marco Polo, ont pris une nef de marchands, ils leur donnent une potion de noix de tamarin, qui leur fait tout aller hors ce qu'ils ont au ventre, parce que quand les marchands voient qu'ils sont pris, ils avalent les perles et pierres qui ont la plus grande valeur. Et par cette voie les pirates ont tout. »

Vasco de Gama eut le bonheur d'échapper à toute mauvaise rencontre. Si les pirates virent ses trois vaisseaux, ils n'osèrent pas les attaquer. Vasco, d'ailleurs, avait de quoi les bien recevoir à coups de bombardes et d'arquebuses. Il leur aurait fait payer cher leur témérité. La petite escadre portugaise eut presque toujours le vent en poupe, c'est-à-dire le vent le plus favorable. Elle fit plus de 600 lieues en vingt-trois jours.

Enfin le vendredi 17 mai, les Portugais eurent connaissance d'une terre haute et jetèrent l'ancre à environ huit lieues de la côte. Il y avait treize mois qu'ils étaient partis de Lisbonne.

La curiosité fut vivement excitée par la vue de plusieurs vaisseaux dont la forme était inconnue dans ces mers. Les Portugais furent bien vite accostés par des pêcheurs qui se livrent à la pêche de fond à plusieurs milles au large. Ils sont d'ordinaire fort défiants et se retirent dès qu'ils voient un navire. Ils s'enhardirent cette fois à venir offrir aux étrangers le produit de leur pêche. Gama les reçut avec bienveillance, leur acheta une partie de leur poisson, et leur demanda de lui servir de guides jusqu'à la barre de Calicut; il y jeta l'ancre sans s'approcher trop près du port. Calicut, résidence du *zamorin* ou empereur, était considérée comme la capitale de toute la côte de Malabar et on venait y charger la plupart des navires. C'était donc le plus grand marché de l'Inde entière.

Calicut est situé sur une côte sablonneuse et ouverte. Les vaisseaux des Portugais n'y trouvèrent aucun abri et furent forcés de jeter l'ancre en pleine mer. Mais les embarcations du pays, composées de planches reliées par des cordes et qui sont complètement plates, arrivent sans difficulté jusqu'à la côte. La ville était déjà importante. Les maisons n'y étaient cependant bâties que de bois, si ce n'est les palais du roi et les temples, seuls édifices où la coutume du pays permît d'employer la pierre et le plâtre.

Vasco n'était pas très rassuré en apercevant de loin la foule de navires et une multitude énorme dans le port. Il fit descendre un des condamnés à mort qu'il avait emmenés, pour voir quel accueil lui serait fait. Immédiatement la foule l'entoura et le pressa de questions. Les Indiens voyaient bien que cet étranger ne ressemblait en rien aux Maures qui trafiquent dans ce pays.

On le mena chez deux Maures, dont l'un s'appelait Mouzaïde et parlait espagnol. Apprenant de l'étranger qu'il était Portugais, il lui dit brusquement : « Que le diable vous emporte! Et qui vous amène ici? » et après diverses autres questions, il ajouta qu'il avait connu des Portugais à Tunis, et qu'il ne pouvait comprendre comment avait fait cette escadre pour arriver à Calicut par mer. « Nous venons, répondit l'envoyé de Gama, pour chercher des chrétiens et des épices. — Eh quoi! repartit Mouzaïde, les rois de France et d'Espagne et le doge de Venise n'ont-il pas envoyé des flottes dans la même pensée? — Non pas, répondit l'autre, parce que le roi de Portugal n'a pas voulu y consentir. » Il exagérait un peu la puissance de son souverain : mais, après tant d'exploits des Portugais, il pouvait être justement orgueilleux de son pays.

Mouzaïde demanda à être conduit auprès du chef de l'expédition. En s'approchant de la flotte, il cria bien haut en espagnol : « Bonnes nouvelles! bonnes nouvelles! des rubis! des émeraudes! Remerciez Dieu qui vous a conduits dans une contrée où l'on trouve toutes sortes d'épices et de pierreries avec toutes les richesses de l'univers. » Ce fut une bien douce surprise pour les Portugais d'entendre parler leur langue si loin de leur pays. Vasco embrassa Mouzaïde, et lui demanda s'il était chrétien, et comment il était venu à Calicut. Le Maure ne cacha pas qu'il était musulman : mais il se vanta d'avoir toujours aimé les Portugais et il leur promit de les aider de tout son pouvoir.

Aux questions qui lui furent faites sur le Zamorin de Calicut, Mouzaïde répondit que c'était un prince très hospitalier, et qui recevrait avec faveur l'ambassade d'un roi étranger, surtout s'il s'agissait de commerce. Mouzaïde fut d'avis qu'il fallait informer directement le Zamorin de l'arrivée de la flotte. Mais déjà le bruit public s'était répandu à la cour du Zamorin qu'il était arrivé des vaisseaux d'une forme extraordinaire, montés par des hommes aux visages pâles et aux costumes inconnus. Mouzaïde montra au Zamorin en quelle estime devait le tenir ce roi chrétien qui lui envoyait de l'extrémité du monde un ambassadeur et des présents. Le Zamorin promit alors son appui à Gama, et lui envoya un pilote pour le conduire à Pandarany, petit mouillage où les vaisseaux seraient en sûreté, et d'où les Portugais pourraient facilement gagner Calicut.

Vasco, toujours prudent, ne se pressa pas de suivre le pilote; il refusa de s'engager trop avant dans le port de Pandarany. Mais il fit annoncer au Zamorin qu'il descendrait lui-même à terre pour lui proposer un traité perpétuel de paix et de commerce. En vain Paul de Gama représenta à son frère qu'il s'exposait à un grand danger. Tous ses compagnons le suppliaient d'envoyer l'un d'entre eux à sa place : sans lui comment l'expédition pourrait-elle jamais revenir en Portugal?

Mais Vasco resta inflexible : il voulait, même au prix de mille morts, rapporter à son roi des témoignages personnels de son débarquement à Calicut. D'ailleurs il avait grande confiance dans le Zamorin, à cause de son caractère, et surtout à cause de sa religion, parce qu'il le croyait chrétien. Il ajouta que s'il lui arrivait malheur, ses compagnons devraient retourner aussitôt dans le Portugal pour exciter le roi à venger sa mort.

Le lendemain 28 mai, Vasco de Gama se mit en route dans sa chaloupe avec quelques petites bombardes et douze de ses plus braves compagnons, enseignes déployées et trompettes sonnantes. Un ministre du Zamorin, chargé spécialement de recevoir les étrangers, et appelé le *Catual*, l'attendait sur la côte, avec une grande multitude. Deux palanquins étaient préparés. Vasco et le catual y montèrent et furent transportés très rapidement sur les épaules des porteurs indiens, tandis que les compagnons de Vasco avaient bien de la peine à les suivre à pied. Ils s'arrêtèrent en route pour prendre des rafraîchissements, des fruits, du poisson. Ils descendirent ensuite une petite rivière et continuèrent tout le long du rivage jusqu'au palais du Zamorin.

Ils visitèrent en chemin un beau temple de Malabares qu'Alvaro Velho décrit avec une rare précision. Il était bâti en belles pierres et couvert de tuiles. A l'entrée était un pilier de bronze de la hauteur d'un mât de navire, surmonté d'un coq en guise de girouette. La porte, très étroite et toute en bronze, était à l'extrémité d'un escalier de pierre; sept cloches étaient suspendues à l'entrée. A l'intérieur il y avait beaucoup d'images, ce qui fit croire à Vasco que cette pagode était une église chrétienne.

Il y trouva des prêtres, qui arrosaient d'eau les visiteurs au moyen d'une éponge trempée dans une fontaine. Ils leur donnaient une cendre blanche dont ils ont coutume de se marquer le front, la poitrine, le derrière du cou et les avant-

PAGODE MALABARE.

bras. Vasco de Gama prit la cendre et fit comprendre qu'il s'en servirait plus tard.

Les images étaient dressées le long des murailles : les unes avaient des dents d'une grandeur effroyable qui leur sortaient de la bouche; les autres avaient de chaque côté du corps une multitude de bras et de jambes, et des visages fort grimaçants. Les Portugais continuaient cependant de croire que les Indiens étaient chrétiens. On les fit même monter à une petite chapelle où était une statue que les Hindous appelaient Notre-Dame : les Portugais s'agenouillèrent, croyant qu'elle représentait la Vierge Marie. Mais un d'eux, Juan de Sala, plus défiant que les autres, dit en s'agenouillant : « Si cela est un diable, je n'entends toutefois adorer que le vrai Dieu, » ce qui fit beaucoup rire Gama. Mais les prêtres ne permirent pas aux étrangers d'entrer dans la chapelle, disant qu'eux seuls en avaient le droit. Le catual et sa suite se prosternèrent trois fois, les mains étendues au-dessus de la tête et firent ensuite leur prière debout.

Le cortège se remit en marche; mais la foule s'était tellement accrue, qu'on ne pouvait plus avancer sans risquer d'être étouffé. Le catual entra dans la maison de son frère, où étaient les hommes d'armes envoyés pour escorter Vasco. Ils étaient au nombre de plus de deux mille : en tête marchaient les tambourins, les trompettes et les hautbois. La foule se pressait jusque sur les toits des maisons. Le capitan major était enchanté de cette réception. « On ne s'imagine guère en Portugal, disait-il, qu'on nous fasse ici tant d'honneur. »

Le palais du roi était entouré de beaux arbres et de fontaines jaillissantes qui formaient le plus gracieux assemblage. Beaucoup de grands personnages s'avancèrent au-devant de l'ambassadeur portugais. On lui fit traverser cinq grandes cours fermées par des portes et gardées chacune par dix portiers. A la dernière il trouva le chef des brahmanes du roi, qui l'embrassa et le fit entrer dans le palais. Mais tous les Hindous qui avaient suivi Gama voulaient assister avec lui à l'audience et voir le roi, qui se montrait rarement. La presse fut énorme : les gardes distribuèrent maints horions. Il y eut plusieurs Hindous écrasés et deux Portugais faillirent avoir le même sort.

La grande salle où le capitan-major fut introduit était entourée de sièges, l'un au-dessus de l'autre en forme d'amphithéâtre. Il y avait par terre un grand tapis de velours vert et le long des murs de riches tapisseries de soie. Le Zamorin était assis au fond de la salle sur un sopha recouvert d'une étoffe brochée d'or. Il était brun, de grosse taille, d'âge assez avancé. Il portait une courte tunique de coton blanc, enrichie de branches et de roses d'or, avec de grosses perles pour boutons. Une autre pièce de coton blanc lui ceignait les reins de la ceinture jusqu'aux genoux. Sa tête était coiffée d'une mitre[1] couverte de perles et de pierreries. Ses oreilles, ses doigts des pieds et des mains étaient chargés de perles et de diamants : aux bras et aux cuisses il avait des bracelets d'or. Ses courtisans l'entouraient debout.

Il avait près de lui une petite bassine d'or, d'où un page lui servait du *bétel*, qu'il mâchait et qu'il rejetait ensuite dans une large coupe également en or. L'eau qui coulait d'une fontaine d'or lui servait à se rincer la bouche. Le bétel est un mélange de poivre, de feuilles de tabac, de chaux vive et d'une noix odorante, la noix d'arec. On en fait dans l'Inde un emploi journalier. Dans ce climat où les estomacs sont paresseux, où l'on mène une vie toute sédentaire, le bétel excite l'appétit; il adoucit l'haleine, il nettoie l'estomac, il apaise la soif. Sans doute il teint les lèvres et la langue en rouge; il noircit les dents et, à cause de la chaux qu'il contient, il les déchausse et les fait tomber à la longue. Mais les Hindous

1. Coiffure analogue à celle de nos évêques.

ne songent pas à tous ces inconvénients. C'est même la mode dans ce pays d'avoir les dents noires; et nous avons entendu une Indienne dire que les Françaises seraient jolies si elles n'avaient pas des dents de chien.

En approchant du Zamorin le capitan major fit trois révérences, les mains levées au-dessus de la tête suivant l'usage du pays. Le Zamorin répondit par une légère inclination de tête. Il lui fit signe d'avancer et de s'asseoir au-dessous de lui. Les autres Portugais se placèrent un peu en arrière. Le Zamorin fit servir des figues et un gros fruit, le *jaquier*, qui a l'apparence d'un melon, mais avec l'extérieur rugueux et la chair intérieure très douce. Il s'amusait beaucoup à voir manger les Portugais. Ils demandèrent à boire : on leur apporta de l'eau dans une coupe d'or. Mais ils avaient appris que les Hindous considèrent comme un acte inconvenant de toucher leurs vases des lèvres en buvant; ils cherchèrent donc à le tenir éloigné de leur bouche. Seulement ils ne savaient pas s'y prendre; et, en s'efforçant d'aspirer l'eau de loin, les uns toussèrent vivement, les autres répandirent une partie du liquide sur leurs vêtements. La cour s'amusa fort de ce petit accident. Il faut se rappeler que l'étiquette exigeait qu'en présence du Zamorin chaque assistant mît la main devant la bouche pour retenir son haleine ; c'était un crime d'éternuer et de cracher. Jugez de l'inconvenance qu'avaient commise malgré eux les Portugais!

Alors le Zamorin fit dire à Vasco qu'il pouvait annoncer les motifs de son voyage et l'objet de son ambassade. Mais le capitan major réclama une audience privée. Le Zamorin se prêta volontiers à ce désir. Il fit mener Vasco de Gama et son interprète Fernand Martinez dans un autre appartement, où il vint bientôt lui-même avec son propre interprète et quelques seigneurs. Il s'assit seul sur une estrade et demanda directement au capitan major de quel pays il venait et quel était le but de son voyage. Gama répondit qu'il était l'ambassadeur du roi de Portugal, le plus grand prince de l'Occident, que celui-ci, ayant entendu parler du roi de Calicut, avait jugé à propos de lui envoyer une ambassade pour faire avec lui un traité d'alliance et de commerce.

Le Zamorin répondit à Vasco qu'il était le bienvenu ; que lui également tenait le roi de Portugal pour frère et pour ami, et qu'il lui enverrait des ambassadeurs à l'occasion. Le Zamorin chargea Mouzaïde de pourvoir au logement du capitan major.

Le lendemain Vasco revint à Pandarany où ses gens avaient débarqué le présent qu'il comptait offrir au Zamorin. Il consistait en douze pièces de drap rayé, douze manteaux à capuchon d'écarlate, six chapeaux, quatre rameaux de corail, une caisse de six bassines, une caisse de sucre, deux barils d'huile et deux de miel. Maigre offrande pour un prince de l'Inde, qui n'estime que l'or et les pierres précieuses, et qui est habitué à toutes les somptueuses prodigalités de l'Orient. Mais Vasco ne pouvait donner davantage. Le catual et Mouzaïde, appelés à examiner le présent, se mirent à rire. Il n'y avait rien là, disaient-ils, qui pût être offert au Zamorin. Le plus pauvre marchand eût fait un cadeau plus important.

A cet accueil inattendu, le capitan major fut pris d'une grande tristesse. Il insista pour donner le peu qu'il avait, mais le catual ne voulut pas offrir lui-même ni laisser offrir à son souverain un si maigre cadeau.

Vasco attendit tout le jour sans succès, impatienté de tant de délais, irrité de ne pouvoir même sortir de cette maison, parce qu'il n'avait plus ses guides ni ses interprètes. En réalité les Maures commençaient à prendre ombrage de sa mission : ils craignaient de voir les Portugais leur enlever le monopole de leur commerce si lucratif avec l'Europe. Ils avaient cherché à inspirer contre eux au Zamorin les plus noires préventions : ils faisaient passer Gama non pour un ambassadeur, mais pour un pirate qui sur la côte d'Afrique aurait commis les dernières violences. Ils insinuèrent au catual que la maigreur du présent était une preuve que Gama s'attribuait faussement la qualité d'ambassadeur. Si le catual avait le malheur de présenter au Zamorin ce misérable don, celui-ci ne manquerait pas de le disgracier et peut-être de l'envoyer au supplice. Ainsi, au moment de réussir pleinement, Gama se trouvait en butte à l'hostilité bien naturelle de ceux dont il allait ruiner le trafic.

Le lendemain le catual reparut, et sans faire attention aux reproches de Vasco, il consentit à le conduire auprès du Zamorin. Cette seconde audience fut bien différente de la première. Vasco dut attendre quatre mortelles heures devant une grande porte qui ne s'ouvrait pas. Introduit, il ne put garder avec lui que son interprète Fernand Martinez. Le Zamorin lui reprocha sur un ton très irrité de l'avoir fait attendre la veille tout le jour; d'avoir annoncé qu'il venait d'un royaume fort riche sans lui donner aucun présent; d'avoir promis une lettre du roi de Portugal qu'il ne remettait pas.

Vasco lui répondit qu'il était venu pour observer et découvrir, et que la prochaine escadre portugaise apporterait de magnifiques présents. « Eh que vouliez-vous découvrir? s'écria le Zamorin, des pierres ou des hommes? Si vous veniez visiter des hommes, pourquoi n'avoir rien apporté[1]? Mais je sais que vous avez une madone en or, donnez-la-moi.—Vasco, un peu embarrassé, répliqua que c'était une statuette sans valeur; mais que fût-elle du plus précieux métal, il ne la donnerait pas : elle l'avait accompagné sur l'étendue des mers et elle le ramènerait encore dans son pays. C'était la grossière image en bois doré fixée à l'arrière du navire, et que chaque marin, aujourd'hui comme alors, considère comme un gage sacré de son salut.

Enfin le Zamorin demanda les lettres du roi de Portugal. Vasco les lui montra aussitôt : l'une était en portugais, l'autre

1. C'est la coutume dans tout l'Orient de ne pas aborder le moindre prince ou fonctionnaire sans un présent en rapport avec son rang.

en arabe. Seulement, comme il se défiait des Maures, il demanda pour les traduire au prince indien un interprète chrétien. On n'en trouva pas qui sût lire l'arabe et le portugais. Vasco dut se contenter de Mouzaïde. Il lut la lettre. Elle portait que le roi de Portugal ayant entendu parler du Zamorin de Calicut comme d'un des princes chrétiens les plus puissants de l'Inde, il avait aussitôt résolu de faire avec lui un traité d'alliance et de commerce pour se fournir d'épices dans ses ports ; qu'en échange il enverrait à Calicut des marchandises du Portugal, avec beaucoup d'or et d'argent. Son amiral et ambassadeur avait ses pleins pouvoirs pour traiter avec le Zamorin.

A cette lecture, le prince se radoucit. Il avait trop d'intérêt à favoriser le commerce dans ses États pour ne pas accueillir avec joie les avances du roi de Portugal. Il demanda quelles marchandises pouvaient venir du Portugal : Gama lui fit une longue et pompeuse énumération de tous les produits de l'industrie européenne. Il ajouta qu'il avait sur ses navires des échantillons de beaucoup de ces produits. Le Zamorin lui donna toute liberté de débarquer ses marchandises et de les vendre. Le catual eut ordre de le reconduire à son logement.

A son arrivée Vasco demanda au catual une barque pour gagner ses navires. Mais celui-ci refusa : il était tard et il fallait attendre au lendemain. En réalité le catual, qui n'avait reçu de Gama aucun présent et qui avait été gagné par les Maures, cherchait à susciter aux Portugais toutes sortes d'obstacles.

Vasco de Gama déclara nettement au catual que, s'il'on voulait le retenir, il irait porter ses plaintes au Zamorin. Le catual prit la précaution de faire enlever toutes les barques disponibles ; il déclara ensuite à Gama qu'il pouvait s'embarquer s'il le voulait ; quant à lui, il ne consentirait pas à lui faciliter les moyens de partir à une heure aussi avancée, de crainte d'un accident. Gama se résigna à passer encore une nuit à terre. Mais il fit avertir Nicolas Coelho et Paul de Gama de se prémunir contre les embûches des Maures et des Hindous.

Le lendemain, quand le capitan major réclama de nouveau une embarcation, le catual répliqua qu'il n'en fournirait pas, que l'escadre portugaise pouvait bien venir chercher son chef. Des Indiens, l'épée nue, furent chargés de garder Vasco de Gama et de l'empêcher de communiquer avec ses douze compagnons, qui furent mis de même sous bonne garde.

Dans ce péril extrême, Gama ne changea rien à ses résolutions. Il se fit respecter de ses geôliers en répétant sans cesse le nom du Zamorin. Il eut la joie d'apprendre que Nicolas Coelho avait pu se mettre en sûreté en pleine mer, bien que quelques chaloupes lui eussent donné la chasse. Il passa une nouvelle nuit d'angoisses, craignant à chaque instant d'être jeté dans quelque cachot ou envoyé au supplice. Mais rien ne put ébranler sa fermeté.

Le samedi 2 juin, le catual se montra plus conciliant. Vasco, pour le gagner, eut l'habileté de lui offrir quelques objets précieux. Il fut convenu qu'au lieu de faire approcher l'escadre, Vasco commanderait seulement que l'on débarquât les marchandises. Il fit aussitôt porter à son frère l'ordre écrit : s'il n'était pas relâché, il prescrivait à Paul de Gama de ne point chercher à le délivrer, mais de regagner au plus vite le Portugal. Paul de Gama fit envoyer les marchandises, et déjà il faisait ses préparatifs pour forcer le perfide monarque à rendre son prisonnier. Heureusement il n'eut pas besoin d'en venir à cette extrémité. Vasco de Gama put regagner sa flotte. « Nous rendîmes grâces au Seigneur, dit Alvaro Velho, de nous avoir tirés d'entre de tels hommes, qui sont sourds à toute raison, comme s'ils tenaient de la brute. »

Non, les Indiens ne tiennent pas de la brute. Mais, comme tous les Orientaux, ils emploient pour arriver à leurs fins tout un système de lenteurs, de tergiversations habilement calculées, de dissimulation et de fourberies. La violence leur répugne; elle est contraire à leur tempérament apathique. Mais ils mettent à de terribles épreuves la patience et la fermeté des Européens qui sont dans la nécessité de traiter avec eux. Que ce soit en Turquie, dans l'Inde ou en Chine, au XVIe ou au XIXe siècle, les procédés sont toujours les mêmes, et l'Européen est assuré de rencontrer toujours la même lenteur et les mêmes perfidies.

Devenu libre, Vasco de Gama se promit bien de ne plus remettre le pied sur la terre ferme et de ne pas y envoyer de nouvelles marchandises. Il députa son facteur Diego Diaz, frère de l'illustre Barthélemy Diaz, pour informer le zamorin de tous les outrages qu'il avait reçus. Le Zamorin promit de punir son infidèle ministre et n'en fit rien. Il envoya des marchands de Guzerate pour acheter la cargaison à la place des Maures, dont Vasco se plaignait. Mais ces nouveaux trafiquants, comme les premiers, affectèrent de rabaisser le plus possible le prix des marchandises. Les Maures outragèrent même les marins de Vasco. Quand ils voyaient à terre un Portugais, ils crachaient à leurs pieds en répétant : « Portugal, Portugal; » ils avaient remarqué combien les marins de l'escadre étaient irrités de cette insulte.

Pour hâter la vente, Gama demanda et obtint que les marchandises fussent transportées de Pandarany à Calicut, marché plus populeux et plus fréquenté. Il décida aussi que les hommes de l'équipage iraient à terre deux par deux, afin de visiter Calicut et de vendre eux-mêmes ce qui leur appartenait. Alvaro Velho nous parle en détail de ce trafic. Les pauvres marins offraient des bracelets, des hardes, des chemises, ou de l'étain; mais ils trouvaient des prix beaucoup moins élevés qu'en Portugal : surtout pour les chemises, ce qui est naturel dans un pays où l'on n'en fait pas usage et où l'on fabrique en abondance les cotonnades. Calicut a en effet donné son nom à l'étoffe de coton appelée *calicot*. En échange ils achetaient à très bas prix des clous de girofle, de la cannelle, des pierres fines. C'était une très précieuse et très légère cargaison, dont ils pourraient se défaire à très bon compte une fois de retour dans le Portugal.

Les Indiens venaient aussi à bord des navires portugais. Vasco avait donné l'ordre de leur faire bon accueil, afin de les gagner. Ils venaient avec de tous petits enfants, ils cherchaient à échanger du poisson pour du pain. Il est probable que la famine sévissait à ce moment à Calicut. Si quelques Portugais se rendant à terre emportaient du biscuit pour leur repas, petits et grands se jetaient sur eux en si grand nombre qu'ils leur enlevaient les morceaux pour les manger. Les Portugais restaient à jeun.

Les famines sont fréquentes aux Indes. La population y est surabondante. La terre peut à peine nourrir ses habitants quand la récolte est bonne. Mais si l'année est un peu trop sèche ou trop pluvieuse, la récolte devient insuffisante. Comme l'Indien n'a pas l'habitude de l'épargne, il n'a plus rien alors. Des milliers de victimes meurent de faim, et cependant personne au monde n'est plus sobre que l'Indien. Une petite portion de riz bouilli avec quelques fruits communs suffit pour le faire vivre toute une journée. Actuellement encore les Anglais, maîtres de l'Inde, ne réussissent pas toujours, malgré leur sollicitude, à prévenir les disettes. Des photographies navrantes, prises à l'époque des famines, nous représentent des groupes d'Indiens assis ou couchés à terre. Ils sont tellement amaigris et décharnés que l'on peut compter leurs côtes, que les os des bras, des jambes et de la face ressortent. Ils ont encore un souffle de vie, et ils ont l'apparence hideuse du squelette.

Cependant la saison favorable pour quitter les Indes approchait. Vasco de Gama envoya Diego Diaz au Zamorin pour l'avertir du départ des Portugais. Il attendit quatre jours son audience. Dans l'entrevue qui suivit, le Zamorin déclara que Vasco, comme tous les patrons de navires qui sortaient du port, devait payer une somme de 600 séraphins d'or[1]. Il ordonna de garder à vue Diego Diaz et il interdit tout rapport avec les Portugais.

Mouzaïde brava cette défense : il apprit à Vasco de Gama que, grâce aux intrigues des Maures, il allait être bientôt attaqué. Vasco dissimula ses inquiétudes. Deux jours plus tard des Indiens revinrent à son bord comme par le passé. Il affecta de les traiter en amis, comme s'il ne connaissait pas le sort fait à deux des siens. Le Zamorin, persuadé que Vasco ignorait tout, continua d'envoyer ses gens pour amuser son ennemi jusqu'à ce qu'il fût en état de l'attaquer. Le lendemain, six des principaux seigneurs de la cour se rendirent sur la flotte avec treize hommes de leur suite. Vasco les fit immédiatement arrêter comme otages, et renvoya au Zamorin une lettre en langue du pays, où il promettait de les remettre en liberté, quand on lui aurait rendu son facteur et son secrétaire en échange.

Alors le Zamorin ordonna au catual de rendre la liberté aux deux prisonniers, comme s'ils eussent été arrêtés sans son ordre. Mais ils ne furent pas libérés aussitôt. Vasco de Gama fit semblant de lever l'ancre et s'éloigna à plus de quatre lieues de Calicut. Alors une barque vint annoncer que les deux prisonniers seraient remis le jour suivant. Vasco déclara formellement que, si la barque revenait sans eux, il la ferait couler bas, qu'il couperait la tête aux otages et qu'il s'en retournerait pour ramener d'Europe une escadre importante et faire voir si les Portugais étaient des voleurs et des pirates. Puis il se rapprocha du port de Calicut pour attendre la réponse à sa sommation.

Le lendemain, sept embarcations s'approchèrent de l'escadre portugaise, et les deux prisonniers furent déposés dans la chaloupe du vaisseau amiral. Diego Diaz raconta que le Za-

1. Le séraphin valait environ 4 francs de notre monnaie.

morin avait fait retomber sur la mauvaise volonté du catual la faute de l'emprisonnement des deux Portugais. Il l'avait chargé d'une lettre que Vasco devait remettre au roi de Portugal et qui était ainsi conçue : « Vasco de Gama, gentilhomme de votre maison, est venu dans mes États, ce que j'ai eu pour agréable. En mon pays il y a beaucoup de cannelle, de clous de girofle, de gingembre, de poivre, et aussi de pierres précieuses. Ce que je souhaite de ton pays, c'est de l'or, de l'argent, du corail et de l'écarlate. »

Cette lettre brève et sèche était une preuve du peu d'estime qu'avait inspiré au roi hindou l'ambassadeur portugais, et peut-être même le souverain qui l'avait envoyé. Car dans leurs missions officielles aux princes tous les Orientaux ont l'habitude d'étaler de pompeuses formules de respect et d'admiration. Telle qu'elle était, Vasco fut bien heureux de la recevoir, car il ne l'espérait plus. Il renvoya aussitôt tous les Indiens de marque qu'il avait pris comme otages. Mais il retint encore plusieurs des gens de leur suite, afin de se faire rendre les marchandises. Cette fois il dut précipiter son départ. Mouzaïde vint le trouver sur son navire. Le catual s'était saisi de tous ses biens, l'accusant d'être un espion au service du Portugal. Le capitan major lui promit qu'il recevrait de son souverain un ample dédommagement de tout ce qu'il avait perdu.

Le lendemain, trois petites embarcations apparurent apportant quelques paquets que le Zamorin envoyait à Gama comme le reste de ses marchandises. Il ne voulut pas les recevoir : mais il garda les quelques prisonniers qui lui restaient encore, disant qu'en Portugal ils serviraient de témoignage de sa découverte. Il ajouta que bientôt le Zamorin se repentirait d'avoir suivi les conseils des Maures. Sur l'heure les Portugais mirent à la voile pour s'en retourner. Mais le vent manquait; ils durent s'arrêter à une lieue au-dessous de Calicut. Ils y restèrent tout un jour. Ils virent alors s'avancer vers eux soixante-dix embarcations portant un nombre infini de guerriers. Le capitan major les reçut à coups de bombardes : après plus d'une heure de lutte, une bourrasque emporta vers la pleine mer la petite escadre portugaise. Les Hindous, hors d'état de la poursuivre, s'en retournèrent à la côte.

CHAPITRE V

DESCRIPTION DE L'INDE

Sol et climat. — Caractère de l'Hindou. — Les brahmanes. — Leurs superstitions grossières. — Idoles. — Castes. — Les parias. — Coutumes des Hindous. — Leur goût pour les bijoux et la parure. — Formalités dans les visites.

L'Inde, la terre des merveilles, était donc désormais ouverte aux Européens, grâce à Vasco de Gama. Nous n'avons pas voulu interrompre le récit de ses aventures pour décrire les habitants et le pays. Il est temps maintenant de dire ce qu'il a trouvé aux Indes; à bien des égards, on y trouverait la même chose aujourd'hui.

Située entre l'équateur et le tropique, l'Inde jouit d'un climat constamment chaud, mais en même temps très humide. Au nord, on y trouve les plus hautes montagnes du globe, les monts Himalaya, et des fleuves puissants qui fécondent d'immenses plaines, comme le Gange et l'Indus. Au sud, elle a la forme d'un énorme triangle. C'est là que se trouvent les grands plateaux du Dekkan, séparés du littoral de l'océan Indien par les deux chaînes des Ghattes. La côte de Malabar, située au sud-ouest du Dekkan, est très étroite, fermée vers l'intérieur par des montagnes très escarpées. Mais elle renferme beaucoup de ports; et les *moussons*, c'est-à-dire les vents périodiques, y déterminent des pluies très abondantes.

La chaleur, l'humidité sont les deux conditions indispensables à une végétation luxuriante. Dans le monde entier, aucun pays ne présente peut-être plus d'espèces d'arbres, de légumes et de fruits : la terre produit pour ainsi dire d'elle-même et presque sans culture. Mais le climat est énervant pour l'homme; et en présence de cette vie facile et abondante, il oublie bientôt la nécessité du travail. Il s'amollit vite, il devient incapable d'effort; de telle façon que l'excès même des richesses du sol contribue à diminuer l'énergie des populations.

Aussi l'Inde a toujours été l'objet de la convoitise des peuples voisins ou étrangers, et tous ceux qui s'y sont établis ont vite perdu au contact de ce sol exceptionnel leurs qualités de vigueur. L'Indien est timide et doux, il manque de volonté, de persévérance, il est incapable d'un travail soutenu. De longs siècles de domination étrangère l'ont façonné à un joug qu'il ne songe même pas à secouer. Il est prudent et avisé : il cherche à reprendre par l'astuce tout ce que lui fait perdre sa faiblesse. Il a l'imagination vive : il aime les contes et les légendes. Il est porté à la vie indolente et contemplative.

La religion est un composé de fables grossières et de superstitions poétiques. Les Indiens adorent une sorte de trinité, dont les trois personnes portent les noms de *Brahma*, de *Vichnou* et de *Siva*. Ils croient à la métempsycose. Suivant cette doctrine, l'âme de l'homme, après sa mort, doit passer dans les corps d'animaux terrestres, aquatiques et aériens plus ou moins parfaits, jusqu'à ce qu'elle ait expié les fautes commises en cette vie. Les prêtres ou brahmanes cherchent à augmenter leur autorité en trompant la crédulité populaire par toutes sortes d'artifices grossiers. Ils se constituent en une multitude de corporations de pénitents, qui imaginent les plus grandes extravagances afin de frapper plus vivement les esprits et d'obtenir des aumônes plus abondantes. Ils prétendent gagner le paradis par des tortures sans nombre, comme si les tourments entraient dans les desseins du Créateur.

Les uns passent leur temps à brûler de la bouse de vache; ils se frottent le corps de la cendre qu'ils en recueillent pour se rendre très saints et très respectables, et les Indiens reçoivent cette cendre avec les marques de la vénération la plus profonde. Les autres portent toujours en expiation des plumes de paon en paquet sur leurs épaules, ou encore de l'eau du Gange, afin de laver leurs idoles. Les *Tadins*, de la secte de Vichnou, mendient continuellement tout en dansant. Ils sont toujours plusieurs ensemble, et ils inventent les pénitences les plus insensées. Tantôt on les voit porter au cou un gril de fer qui dépasse de 20 à 25 centimètres et qui les empêche de dormir. Tantôt ils s'attachent à la bouche des cadenas. C'est un morceau de fer rond qui passe sous le menton, qui traverse les joues et qui ressemble au mors d'un cheval : cette pièce de fer est rivée de manière que le patient ne peut plus manger qu'avec une peine extrême. D'autres tiennent les yeux fixés sur le soleil jusqu'à en devenir aveugles, ou font vœu de ne jamais parler, ou se couchent sur des fagots d'épines; quelques-uns dans leur pieux délire vont jusqu'à se couper la langue.

Mais ce ne sont là que des excentricités, qui heureusement deviennent de plus en plus rares. Pour la masse des croyants, la religion impose des prières, des ablutions quotidiennes, des aumônes aux pauvres, des dons aux pagodes, du riz aux brahmanes; elle ordonne de secourir les malheureux, de supporter patiemment l'adversité, de fuir le mensonge, d'aimer sa femme et ses enfants, de lire et d'entendre lire les livres sacrés, d'assister aux fêtes religieuses. Voilà les prescriptions pour les individus de toutes les castes. Ce sont des prescriptions d'une saine morale, comme on en trouve dans la plupart des religions .Quant aux macérations, aux privations contre nature et aux mutilations, ce sont les produits d'une imagination maladive et exaltée. Ce sont des actes que la vraie morale réprouve.

Marco Polo avait déjà été frappé de voir des idoles de toutes sortes, les unes à tête de bœuf, de porc, de chien ou de mouton, les autres à forme humaine, mais ayant une grande quantité de têtes et de bras. Brahma est ordinairement représenté avec quatre têtes et quatre bras. D'autres idoles ont dix, cent ou même mille bras. Plus le dieu qu'on veut représenter est censé intelligent et puissant, plus on lui donne de têtes et de bras. Les pagodes ou temples sont d'une somptuosité inouïe; elles forment des pyramides énormes où sont sculptés en bas-relief des divinités grimaçantes avec leur cortège d'adorateurs et de guerriers. Vasco de Gama visita lui-même une de ces pagodes; et s'il a cru que les Indiens étaient des chrétiens, c'est surtout à cause de la trinité brahmanique qu'ils adorent.

C'est la religion qui a déterminé parmi les Indiens les divisions en caste : les *brahmanes* ou prêtres forment la première, puis viennent successivement les *kchatrias* ou guerriers, les *vaïcias* ou marchands, les *soudras* ou artisans. On appelle *parias* ceux qui n'ont pas de caste; leur contact est considéré comme une souillure. Si un Indien perd sa caste, il est repoussé par ses parents; sa femme est considérée comme veuve, ses enfants comme orphelins. On l'éloigne des fêtes et des repas de la famille, il n'a plus aucun secours à attendre des siens : il vit toujours, et il est regardé comme mort pour tous ceux qui l'avaient le plus aimé. L'expulsion de la famille tient à des causes multiples, surtout à la violation des règlements religieux, ou à des mariages contractés d'une caste dans une autre. Il est en effet formellement interdit de se marier en dehors de sa caste. Chaque caste se divise d'ailleurs en sous-castes, dont un membre ne peut ni manger, ni boire, encore moins se marier dans une autre sous-caste. Ces distinctions subtiles vont si loin que, dans les cérémonies, la trompette sacrée destinée aux fêtes des dieux affecte une forme particulière suivant la caste qui l'emploie.

Les Européens sont regardés comme des parias, parce qu'ils mangent de la viande. Les brahmanes, il est vrai, leur donnent la main ; mais, rentrés chez eux, ils changent de vêtements et se livrent à des ablutions nombreuses pour se purifier d'un contact aussi impur. Ils prétendent même que le regard d'un paria suffit pour souiller les objets et les personnes. Aussi, quand ils font à l'un d'eux une aumône ou un présent, ils le déposent à terre et s'éloignent, comme s'ils devaient contracter, rien que par cette vue, une sorte de lèpre morale.

Les brahmanes jeûnent, font pénitence, entreprennent des pèlerinages lointains, célèbrent des fêtes nombreuses, portent des chapelets et font usage d'eau bénite. Le mariage est obligatoire dans leur caste : ils doivent être fiancés dès leur première enfance. Ils peuvent prendre une seconde femme quand la première ne leur a pas donné d'enfants, mais seulement avec son consentement. La veuve doit s'abstenir de se parfumer et de porter des bijoux, surtout ceux de la figure, caractéristiques de la femme mariée. Autrefois la veuve se faisait brûler sur le bûcher qui consumait les restes de son époux, et cette coutume barbare est encore en usage dans certaines parties de l'Inde, malgré les efforts des Anglais pour y mettre un terme.

Les parias dévorent toutes sortes d'animaux; les gens de caste ne mangent jamais de viande : quelques-uns seulement se permettent le poisson. Du riz bouilli avec du *cari*, sorte de sauce composée d'herbes, de beurre et d'épices très fortes, est la base des repas hindous. Avec cela des œufs, du lait, des galettes grossières de farine, les fruits de l'arbre à pain et du jaquier, composent le menu de tous les repas du riche et du pauvre. Les mains servent de cuillers et de fourchettes; les larges feuilles du bananier, de plats et d'assiettes; les dents font office de couteau. Le menton et les doigts sont toujours pleins de sauce. Ce n'est pas un grand régal pour les Européens de voir manger un Hindou. La boisson est de l'eau

HINDOUES DE BASSES CASTES SUR LA COTE DE MALABAR.

pure, mêlée quelquefois d'un peu d'*arack* (eau-de-vie extraite du palmier).

Le costume des Hindous est encore plus simple que leur nourriture. La pièce à peu près unique est une large bande de cotonnade blanche appelée le *dhoti*, qu'ils roulent autour de la taille, qu'ils passent entre les jambes et qu'ils attachent derrière le dos. Le corps est complètement nu au-dessus de la ceinture et à partir des cuisses. Les riches portent une chemise et une longue robe blanche. La tête est couverte d'un turban, dont l'étoffe, la forme et la couleur varient suivant les castes. Peu de souliers, mais presque toujours des sandales. Les femmes portent une petite jaquette à manches courtes qui couvre la poitrine, et une grande pièce de toile qu'elles enroulent autour de la taille et qu'elles rejettent sur l'épaule et sur la tête. Ce costume est très coquet; il rappelle celui des divinités grecques qu'on remarque dans beaucoup de statues. Le costume, comme la nourriture, est donc tout à fait approprié au climat.

Ce qui frappe surtout à la vue d'un Indien, c'est le nombre exagéré des bijoux dont il est couvert. « Les deux sexes les aiment passionnément[1]. Les femmes de la condition la plus infime portent souvent au nez un anneau d'or enrichi de perles. Leurs bras sont entourés de bracelets d'argent, de cuivre ou de verre. Leurs orteils sont ornés de bagues, et leurs jambes de cercles de métal fort pesants. Quant à leurs oreilles, elles ploient littéralement sous le poids des boucles d'or dont elles sont chargées, et les lobes sont percés d'énormes trous, souvent de deux à trois centimètres, où s'introduisent des ornements d'or en forme de petites roues, que remplacent dans les jours de travail de simples morceaux de feuilles

1. Tout ce passage est extrait de l'intéressant voyage de M. Alfred Grandidier dans les provinces méridionales de l'Inde, publié dans *le Tour du monde* (t. XIX, livraison 473); nous avons résumé d'après ses observations les principaux traits de mœurs des Indiens.

roulées. Les Indiens convertissent toute leur petite fortune en bijoux. Cet usage provient autant de la vanité que de la superstition, qui leur fait envisager tout bijou comme doué du pouvoir de détourner les sorts et les maléfices. C'était aussi sous l'ancienne monarchie mongole un moyen de soustraire les biens à l'avidité du tyran musulman, à qui sa religion défendait de s'approprier les effets des femmes.

« Ne parlez jamais à un Oriental de sa femme et de ses filles; ce serait contraire aux coutumes. Si vous l'entretenez, soit des malheurs ou des maladies qui ont pu l'affliger, soit des succès qu'il a obtenus, appliquez tous vos soins à ne pas éveiller en lui des idées superstitieuses sur les sorts dont il pourrait se croire menacé. Se servir de la main gauche en saluant, en mangeant, en prenant le café, est une insulte; la main droite seule est destinée aux usages nobles, et la main gauche, la main impure, est réservée aux ablutions.

« En Europe, on se découvre la tête en signe de respect : ôter leur turban est pour les Orientaux un acte irrespectueux. Mais s'ils gardent leurs turbans, ils enlèvent leurs sandales à l'entrée des habitations. Cet usage est des plus rationnels. Les souliers n'ont-ils pas été faits pour protéger les pieds contre les aspérités du sol, contre la boue et la poussière des chemins? et ne deviennent-ils point inutiles dans l'intérieur des maisons? Dans une visite il faut, avant de se retirer, attendre qu'on soit congédié. On pense avec raison qu'un visiteur ne saurait être pressé de quitter l'ami qu'il est venu voir. L'hôte, au contraire, peut avoir des occupations urgentes qui réclament sa présence en toute hâte. Les formules de congé varient; ce sont les simples mots : « Venez me voir souvent, » ou bien : « Rappelez-vous que vous serez toujours le bien venu parmi nous. » Des cadeaux de fleurs et de fruits terminent en général les visites.

Tels étaient déjà les Hindous à l'époque de Vasco de Gama. Ils avaient le même désir de briller, les mêmes préjugés relativement à la nourriture et aux castes. Encore maintenant, par amour exagéré de la tradition et de la routine, ils répugnent à l'emploi des machines et des outils usités parmi les Européens, et qui leur permettraient de faire beaucoup plus de travail avec moins de fatigue. Un Hindou portera quarante livres de terre sur sa tête au lieu d'en traîner deux ou trois cents dans une brouette. Il tirera dix litres d'eau avec un seau grossier au lieu de cent à l'aide d'une pompe.

C'est donc encore un peuple dans l'enfance, malgré l'intelligence dont il est doué. Mais chez lui l'apathie et la paresse gâtent toutes les belles qualités. Cette indolence native, ces rivalités vivaces et ces divisions intestines ont toujours empêché les Indiens d'offrir aux conquérants étrangers une résistance capable de sauvegarder leur indépendance nationale. Peu de temps après ce premier voyage de Vasco de Gama, l'Inde va devenir la proie des Portugais avec la même facilité qu'elle passera plus tard sous la domination des Français ou des Anglais.

CHAPITRE VI

RETOUR DE VASCO DE GAMA

Départ de Vasco. — Les îles flottantes. — Le faux Italien. — Mortalité dans l'équipage. — Retour à Mélinde. — Destruction du *Saint-Raphaël*. — Trahison de Nicolas Coelho. — Mort de Paul de Gama. — Entrée triomphale à Lisbonne. — Grands résultats du voyage. — Récompenses accordées à Vasco de Gama.

Après bien des difficultés, Vasco de Gama avait réussi à se sauver avec tous les siens d'entre les mains du Zamorin de Calicut. Par une sorte de faveur du ciel, il avait abordé dans l'Inde en hiver alors que sa flotte était dispersée. Peut-être qu'en été les Indiens eussent ruiné toute son escadre. Le capitan major ne voulut pas cependant laisser après lui des souvenirs de haine dans le cœur du Zamorin. Il lui fit écrire par Mouzaïde pour s'excuser d'avoir emmené quelques Hindous prisonniers, et pour promettre que la seconde escadre portugaise, en débarquant aux Indes, ne manquerait pas d'apporter une riche cargaison et de somptueux présents de la part du roi.

Cela fait, le capitan major ne prit pas encore la pleine mer. Il continua de longer les côtes, abordant successivement à toutes les petites îles semées à quelques lieues du littoral. Les indigènes lui apportaient du poisson, des poules, du lait. Il leur donnait en échange des chemises, dont ils étaient très fiers. Dans l'une de ces îles les Portugais trouvèrent un bois de cannelliers sauvages. Excellent présage pour le commerce d'épices que les compagnons de Gama espéraient établir avec ces contrées.

Plus loin ils virent subitement à quelque distance une petite île de verdure qu'ils n'avaient pas aperçue d'abord, mais cette île semblait marcher vers la flotte et se partager en plusieurs autres îlots. Cesîlots fort singuliers, examinés avec plus de soin, n'étaient autre chose que huit gros bâtiments que des pirates avaient couverts de feuillage pour donner le change aux Portugais et s'approcher sans être découverts. Vasco alla bravement droit aux navires ennemis. Les Indiens effrayés se sauvèrent au plus vite. Mais Nicolas Coelho eut le temps de capturer l'un des bâtiments chargé de noix de coco et de mélasse. Les autres s'échouèrent sur le sable du rivage, où les Portugais ne pouvaient plus les atteindre.

A l'île d'Andjediva, située un peu au sud de Goa, le capitan major résolut de faire une station plus longue, afin de réparer ses vaisseaux : il fallait les mettre en état d'accomplir la grande traversée pour revenir en Portugal. Une nouvelle attaque de pirates, qui s'étaient présentés en jouant du tambourin et de la trompette afin de dissimuler leurs intentions, fut encore déjouée.

Mais les Indiens n'avaient pas épuisé toutes leurs ruses. Un jour un personnage d'environ quarante ans se présenta, vêtu jusqu'aux talons d'une robe de fin calicot, la figure à moitié couverte par un énorme turban, avec une large ceinture d'où pendait un cimeterre. A peine débarqué, il se jeta dans les bras du capitan major et des principaux chefs. Il parlait l'italien avec beaucoup de facilité. Il raconta toute son histoire : il se disait Italien et chrétien : il avait été conduit aux Indes, engagé de force au service du roi maure de Goa. Quoique pratiquant l'islamisme en apparence, il était resté chrétien au fond du cœur. Il avait appris l'arrivée d'étrangers à Calicut. Il ne doutait pas que ce ne fussent de

Francs[1]. Le roi lui avait ordonné de les engager à venir à Goa. Il leur promettait de grands avantages pour leur commerce. Le soi-disant Italien demanda en même temps un fromage, qu'il devait faire remettre à ceux qui l'avaient envoyé en témoignage qu'il aurait été bien reçu des Portugais.

Vasco de Gama fit donner le fromage, mais non sans défiance et en prescrivant à ses gens d'observer de près le singulier député. Celui-ci continuait de parler avec une telle vivacité, et tant de protestations d'amitié, que le soupçon ne faisait qu'augmenter. Paul de Gama alla aux informations dans l'île, et apprit que le faux ambassadeur était un pirate qu'on avait vu à plusieurs reprises dans les parages voisins. Vasco, indigné de tant de perfidie, le fit fouetter, puis le fit attacher par le milieu du corps et suspendre à une poulie. A la quatrième torture il confessa enfin qu'il était un espion, qu'il devait s'assurer des forces des Portugais et les retenir à Andjediva jusqu'au moment où quarante gros vaisseaux, que les pirates étaient en train d'équiper, seraient en état de prendre la mer.

Lorsque Gama fut en plein mer, le Maure compléta sa confession en déclarant que le roi de Goa avait espéré faire les Portugais prisonniers, parce qu'il connaissait leur bravoure et espérait se servir d'eux contre ses ennemis. Plus tard ce Maure embrassa le christianisme, fut baptisé sous le nom de Gaspard Gama et reçut du roi de Portugal des présents et de l'argent.

Après ce nouveau complot déjoué, il était urgent de mettre à la voile au plus vite. La petite escadre put en effet appareiller le 15 octobre 1498. Mais le voyage jusqu'à la côte d'Afrique fut des plus pénibles. Des tempêtes continuelles, des vents contraires suivis de calmes absolus retardèrent la marche des

1. Aux Indes comme dans tout l'Orient on qualifiait du nom de Francs ou Français tous les Européens occidentaux sans distinction, en souvenir des actions d'éclat des Français pendant les croisades.

équipages. Le scorbut acheva de les décourager; le mal était encore aggravé par l'apparition de tumeurs énormes sur les différentes parties du corps, et par une dysenterie que rien ne pouvait arrêter. Trente marins de l'équipage moururent en peu de jours. Le courage de ceux qui restaient était de plus en plus abattu; capitaines et pilotes croyaient également que nul n'en réchapperait.

Sans la fermeté d'âme de Vasco de Gama, il y aurait eu encore beaucoup plus de victimes. La traversée, achevée en vingt-trois jours pour aller, ne dura pas loin de quatre mois au retour. Quand les Portugais débarquèrent enfin sur la côte d'Afrique, il n'y avait plus que seize hommes valides pour le service de chaque bateau. Mais la vue de la terre leur fit oublier toutes les souffrances passées. Les fruits, la viande fraîche et la bonne eau achevèrent de remettre sur pied ceux qui ne s'étaient pas encore relevés.

Ils avaient abordé sans trop savoir où, tout près de Magadoxo, à quelque distance au nord de Mélinde. Bien que la ville parût grande, bien bâtie, avec d'importants palais au centre, ils ne s'y arrêtèrent pas. Chaque nuit, le capitan major faisait jeter l'ancre, afin d'être sûr de ne pas manquer Mélinde. Il eut à combattre une attaque des Maures, qu'il effraya par son artillerie : et il arriva enfin à Mélinde, le 9 février 1499.

Le roi témoigna beaucoup de joie en revoyant ses bons alliés les Portugais; il envoya un abondant chargement d'oranges pour remettre ceux des malades qui n'étaient pas encore guéris du scorbut. Il ravitailla les équipages de viande fraîche, et les marins purent se régaler, après tant de souffrances, de poules, d'œufs frais et de lait. Le roi de Mélinde envoya pour le roi de Portugal une grande trompe d'ivoire et il pria le capitan major de recevoir à son bord un jeune Maure qui désirait visiter le Portugal, et qui devait être son ambassadeur dans ce pays. Le capitan major resta cinq jours seulement à Mélinde, et il prit congé non sans émotion de ce petit souverain maure qui durant une traversée si longue avait été son seul allié fidèle, son seul véritable ami.

Vasco de Gama passa sans s'arrêter devant Mombaza et Zanzibar. Dans la baie de Saint-Raphaël il fut obligé d'accomplir un douloureux sacrifice. Les fatigues et la maladie avaient moissonné près de la moitié des hommes de l'équipage. Ceux qui restaient ne suffisaient plus au service des trois navires. Il fallut en détruire un : le capitan major désigna le *Saint-Raphaël*, que commandait Paul de Gama. Les marins transbordèrent son chargement sur les deux navires qui restaient, le *Saint-Gabriel* et le *Berrio*. Puis il fallut se séparer de ce vieux compagnon, de ce vieux serviteur qui avait fait si vaillamment la route. Les Portugais le brûlèrent avec un vif serrement de cœur : tous les marins éprouvent ce sentiment quand ils sont obligés à cause d'un accident de quitter le bord où ils ont vécu longtemps et qu'ils aiment. Le navire est pour eux comme une petite patrie flottante dont ils ne se séparent jamais sans regret.

Les Portugais se dirigèrent en longeant toujours la côte d'Afrique vers le cap de Bonne-Espérance. Le 20 mars, ils franchirent sans aucune avarie et par un beau temps le redouté cap qui cette fois ne justifia pas son ancien nom de cap des Tempêtes. Mais tout l'équipage souffrait d'un froid terrible, parce qu'on était exposé à tous les courants glacés qui arrivaient de la région du pôle. Comme les Portugais venaient de contrées très chaudes, le contraste n'en était que plus vif et la souffrance plus intolérable.

Un vent arrière des plus favorables conduisit nos héroïques marins en vingt-sept jours dans les parages des îles du Cap-Vert, près du mouillage de Santiago. Là le capitan major fut obligé de faire relâche pour radouber son navire. Il était dans des parages connus, la distance était courte jusqu'à Lisbonne; et cependant il allait éprouver encore avant son retour de bien cruelles déceptions!

Au lieu de s'arrêter avec son chef, Nicolas Coelho, compagnon de tous ses glorieux travaux, voulut lui voler sa gloire. Il profita de ce qu'il était monté sur une caravelle fine voilière, *le Berrio*, dont la marche était plus rapide que celle du *Saint-Gabriel*, pour se diriger droit vers Lisbonne. Il y arriva en effet dès le 10 juillet, plusieurs semaines avant Vasco de Gama : il désirait sans doute obtenir la récompense considérable promise par le roi Emmanuel à celui qui lui annoncerait le premier la découverte des Indes.

Nicolas Coelho chercha à s'excuser, et affecta de se montrer fort étonné, à son arrivée, de ce que Vasco de Gama n'était pas encore de retour. Mais il n'avait rien fait pour l'attendre, et il pouvait être justement suspect d'avoir voulu supplanter son chef. Cependant le roi ne lui tint pas rigueur; il anoblit Coelho et le gratifia d'une pension de 1000 ducats.

Une épreuve plus douloureuse était réservée au valeureux chef. Son frère bien-aimé, Paul de Gama, dont le courage et le dévouement lui avaient été d'un si grand secours dans tant de circonstances difficiles, Paul de Gama, l'ami de son enfance, et le brave compagnon de son âge mûr, miné par la maladie, voyait s'éteindre lentement sa vie. Vasco fit tout pour le sauver; afin d'abréger les fatigues d'un trop long voyage, il remit à Juan de Sà le commandement du *Saint-Gabriel* et fréta lui-même une petite caravelle à la marche rapide pour faire revoir à son frère les rivages si ardemment souhaités. Tout fut inutile: le pauvre malade mourut à Terceire, dans les îles Canaries; et cette fin douloureuse, après tant de souffrances noblement supportées, après une vie de rudes épreuves et de sacrifices modestes à l'égard d'un frère qui était un héros, a assuré à Paul de Gama un souvenir de glorieuse sympathie.

Enfin dans les premiers jours de septembre 1499, Vasco

aborda au port de Lisbonne. Il fut accueilli par des acclamations universelles. Le roi envoya pour le recevoir un de ses premiers officiers, auquel se joignirent beaucoup de gentilshommes et de courtisans. Il fit une entrée triomphale avec cette brillante escorte, entre une double haie de gens du peuple qui se découvraient sur son passage et l'applaudissaient avec frénésie. Derrière lui marchaient ses glorieux compagnons; Gama n'en ramenait que cinquante sur cent huit qui étaient partis avec lui. Plus de la moitié de son équipage avait succombé dans la route.

Le roi de Portugal, dans un grand nombre d'audiences, se fit rendre un compte exact de toute l'expédition. Il reçut avec joie les échantillons d'épices et les présents que Vasco lui rapportait de Calicut et de Mélinde. Il fit bon accueil à ceux des Maures et Indiens qui avaient survécu aux fatigues du voyage. Il fit publier dans toutes les villes et les bourgades de son royaume la nouvelle du retour de Gama et de la découverte des Indes, et il ordonna des actions de grâces au ciel et des réjouissances publiques en l'honneur de ce grand évènement. Il le notifia officiellement au pape. Il prit le titre pompeux, et qui allait être bientôt justifié, de *Seigneur de la conquête et de la navigation de l'Éthiopie, de l'Arabie, de la Perse et des Indes.* Il ajouta à son nom celui de *Fortuné*, sous lequel la postérité a l'habitude de le désigner.

Ces témoignages de joie n'avaient rien d'excessif : ils étaient le couronnement naturel des grandes découvertes faites par Gama. Rappelons-nous qu'il était resté absent pendant deux ans et deux mois; qu'il avait fait une navigation d'au moins 10 000 lieues, dont plus de la moitié dans des mers où jamais navire européen n'avait été vu; que, grâce à son énergie et à sa volonté de fer, il avait ouvert une route nouvelle par le sud de l'Afrique et par mer, vers cette belle et riche terre de l'Inde; qu'il avait ainsi assuré au Portugal l'avantage d'aller chercher directement dans les mers indiennes ces épices qui avaient fait la fortune d'Alexandrie et de Venise; qu'enfin il avait déjà noué des relations avec les Maures de la côte d'Afrique, et avec le Zamorin de Calicut, l'un des souverains les plus puissants de l'Inde!

Tout cela, il l'avait fait avec une escadre composée seulement de trois petits navires, avec un équipage d'une centaine d'hommes, dont quelques-uns étaient des bandits de la pire espèce; il l'avait fait, malgré d'horribles tempêtes, malgré des calmes décourageants, malgré l'excès du froid ou de la chaleur, malgré le scorbut et des maladies de toutes sortes. Vingt fois il avait lutté contre les embûches des indigènes ou contre les attaques des Maures et des pirates : vingt fois lui et les siens avaient été en danger d'être retenus prisonniers ou d'être mis à mort dans de cruels supplices; et toujours il s'était tiré des plus mauvais pas par sa prudence et par sa fermeté, et il avait réussi au delà même de ses espérances.

Aucune récompense n'était à la hauteur de tant de services rendus et d'un si noble dévouement. Cependant le roi Emmanuel décora Vasco de Gama du titre d'*almirante* ou amiral. Il lui accorda pour lui et pour ses descendants le titre de *don* ou seigneur qui est la marque de la plus haute noblesse; il l'autorisa à se composer un écusson formé de deux biches supportant ses armes, par allusion au nom de Gama qui veut dire biche. Enfin il lui octroya une pension annuelle de 3000 ducats, qui permit à Gama de tenir son rang à la cour. Vasco de Gama devint ainsi un des principaux personnages du Portugal. Il était sans contredit à cette époque le plus illustre et le plus glorieux de ses enfants.

CHAPITRE VII

DERNIERS VOYAGES DE VASCO DE GAMA

Commencements de la conquête. — Second voyage de Vasco (1502). — Punition des rois maures de la côte d'Afrique. — Capture d'un navire maure. — Réception du roi de Cananor. — Punition du Zamorin. — Alliance avec le roi de Cochin. — Retour (1504). — Troisième voyage (1524). — La mer tremble devant Gama. — Sa mort à Cochin (28 décembre 1524).

Il est naturel qu'après de longues années de travail récompensées par la fortune, un homme ordinaire cherche le repos et vive désormais dans la retraite. Un héros comme Vasco de Gama ne se repose jamais. Il avait beaucoup souffert pendant sa longue traversée, mais il ne se souvenait de toutes ses souffrances que pour se réjouir davantage de son glorieux succès. Elles étaient pour lui une excitation à recommencer un nouveau voyage. Que ne ferait-il pas après ce qu'il avait fait? Il semble que les grands hommes portent tous avec eux un démon familier qui les excite à agir sans cesse et à entreprendre toujours de plus grandes choses.

D'ailleurs, il n'avait fait qu'entrevoir ces contrées lointaines : il fallait maintenant les parcourir dans toute leur étendue, les exploiter, les soumettre au roi de Portugal. Il fallait se venger de tant de princes qui avaient méprisé ou insulté Vasco. Il fallait surtout rapporter par ballots en Europe ce coton, ce sucre, ces épices si recherchées dont les compagnons de Vasco n'avaient pu montrer encore que de misérables échantillons. La découverte est faite; l'ère des conquêtes va commencer.

Ici nous n'avons plus besoin que de donner un aperçu rapide des voyages de notre héros. Ils ont lieu dans les mêmes terres d'Afrique et des Indes. Il est aux prises avec les mêmes dangers. Seulement ses équipages ont désormais une confiance aveugle dans leur chef; et dans ses rapports avec les princes indigènes, Vasco impose des lois au lieu d'en subir.

L'année même qui suivit le retour de Gama (1500), le roi Emmanuel confia au célèbre Alvarez Cabral le soin de fonder des comptoirs portugais aux Indes. Mais il ne réussit pas à laisser aux Indes aucun grand établissement. Sa relation prouva que les Portugais ne pourraient s'introduire et se fixer dans le pays que par la force. Il fallait donc un marin éprouvé, un intrépide capitaine pour commencer l'œuvre de la conquête. Tous les suffrages du conseil des Indes se portèrent sur le plus digne, sur Vasco de Gama.

Il fut mis à la tête d'une flotte de vingt et une voiles, divisée en trois escadres : la première placée directement sous ses ordres; la seconde composée de six vaisseaux sous Étienne de Gama son frère; la troisième de cinq vaisseaux sous Vincent Sodres. Vasco devait avoir la direction suprême de toutes les opérations; il avait des forces suffisantes pour faire respecter partout son pavillon. Il portait le titre pompeux de grand amiral des mers de l'Orient. Il reçut un étendard béni par l'archevêque de Lisbonne en présence du roi et de toute la cour. A son départ, le 2 mars 1502, il fut salué par le peuple d'acclamations enthousiastes.

Il fut rapidement porté par des vents favorables jusqu'au cap de Bonne-Espérance. Il le doubla cette fois sans difficulté. Il fit payer cher aux petits rois Maures de la côte d'Afrique leur mauvais vouloir à l'égard des Portugais. A Mozambique, il jeta les fondements d'une forteresse et d'un hôpital qui rendirent les plus grands services. A Quiloa, il fit le roi prisonnier pour le punir de sa perfidie à l'égard d'Alvarez Cabral. Il le força à promettre un tribut annuel de deux mille pièces d'or, dont la première année serait payée immédiatement. Le roi offrit pour otage un Maure très riche dont il avait à se venger. Il le laissa entre les mains des Portugais sans acquitter la somme promise : et le Maure, pour recouvrer sa liberté, dut payer sur sa propre fortune les deux mille pièces d'or.

En arrivant près des côtes de l'Inde, Vasco de Gama rencontra un navire maure magnifiquement décoré où s'étaient embarqués les pèlerins qui vont porter chaque année de riches présents sur le tombeau de Mahomet. Il s'empara de force de ce vaisseau; il partagea entre ses compagnons tout le butin qu'il y trouva; il fit prisonniers les marchands qui le montaient, et il ordonna à son frère Étienne de Gama de le brûler. A la vue des flammes, les prisonniers maures brisèrent leurs liens, gagnèrent leur navire et réussirent à éteindre l'incendie. Ils restèrent ainsi toute une nuit sur leur bord à demi consumé, invoquant Mahomet et cherchant à gagner la terre.

Mais Vasco avait donné l'ordre de les surveiller de près : et le lendemain Étienne de Gama ralluma l'incendie sur le navire. Les Maures se défendirent avec acharnement. Ils aimèrent mieux se faire tuer les armes à la main, se jeter à la mer tout armés, ou se laisser brûler vifs que de se rendre à leurs ennemis. Ils périrent tous au nombre de trois cents. Les Portugais sauvèrent seulement vingt jeunes enfants, que Vasco de Gama fit baptiser et consacrer plus tard au service divin. Il crut ainsi avoir expié sa cruauté et racheté son crime aux yeux de Dieu!

En cette circonstance, Vasco se rendit coupable d'une exécution barbare, indigne d'un Européen. Il faut bien reconnaître que ses successeurs se montrèrent encore plus cruels. L'histoire de la conquête et de la conversion du nouveau monde n'est qu'une longue suite d'injustices, de violences et d'atrocités inouïes. On voudrait, à l'honneur des Européens, pouvoir retrancher ces pages de leur passé. Comment prêcher la charité et l'oubli des injures, ces beaux préceptes de l'Évangile, après avoir donné de pareils exemples? Heureusement, de nos jours, l'Européen se montre plus humain. Il se présente dans les contrées habitées par les sauvages en proclamant l'abolition de l'esclavage et le respect de la vie humaine. Il est devenu véritablement aujourd'hui ce qu'il prétendait être à tort jadis, l'apôtre de la civilisation.

A son arrivée dans l'Inde, Vasco de Gama multiplia les exécutions sanglantes; il voulait frapper de terreur les Indiens, et revenir auprès de son maître chargé des riches dépouilles de l'Orient. On peut dire que son expédition réussit complètement si l'on ne tient aucun compte des vols commis et du sang versé. Les perfidies des petits souverains de l'Inde ne pouvaient excuser de telles vengeances.

A Cananor, le roi, dès la première sommation de l'amiral portugais, fait construire pour le recevoir un magnifique pavillon à l'extrémité d'une galerie jetée sur la mer. Vasco de Gama prend place à côté du roi, sur un siège de même hauteur, au mépris de toutes les règles de l'étiquette; il traite avec lui d'égal à égal. Il en obtient de bonnes conditions pour le commerce des Portugais et l'établissement d'une forteresse et d'un comptoir à Cananor.

Vasco se rend ensuite à Calicut, avec la ferme intention de se venger de toutes les trahisons du Zamorin. Il enlève par surprise une cinquantaine de Malabares qui ne s'étaient pas mis en garde à son approche; et il somme fièrement le monarque indien de lui donner satisfaction pour la mort du facteur Correa et de ses compagnons et pour la saisie de leurs marchandises. Le Zamorin cherche à gagner du temps. Pendant trois jours les officiers chargés de la négociation se promènent de Calicut à la flotte, multipliant les promesses trompeuses.

Le quatrième jour, Vasco de Gama irrité fait pendre les cinquante Malabares ses prisonniers; il fait couper les pieds et les mains aux cadavres et les envoie à la côte avec une lettre en arabe pour le Zamorin, où il lui annonce que Calicut sera bombardé. Et le soir, un feu meurtrier est ouvert sur la ville; le palais de roi est réduit en cendres et de nombreuses victimes tombent dans les maisons et sur les places. Satisfait de cette vengeance, Vasco de Gama laisse Vincent Sodres avec six vaisseaux pour ruiner le commerce des Maures à Calicut.

Il se dirige alors sur Cochin. Il y trouve un roi qui avait bien reçu les Portugais de Cabral. Ce prince accueille avec empressement l'amiral portugais; il échange avec lui de riches présents; il signe par écrit des capitulations qui accordent aux Portugais de grands privilèges pour leur commerce. Il repousse toutes les sollicitations que lui adresse le Zamorin pour l'engager à trahir avec lui les Portugais. Le roi de Cochin reste jusqu'à la fin de sa vie leur fidèle allié.

Cependant le Zamorin avait envoyé un message à Vasco de Gama pour essayer de renouer les négociations. Vasco revint devant Calicut avec un seul navire. Bientôt il fut entouré d'une foule de petites embarcations qui cherchaient à se saisir de lui. Mais il gagna la haute mer à pleines voiles et il fut dégagé à temps par l'escadre de Vincent Sodres. Quand la flotte de guerre du Zamorin, forte de vingt-neuf gros vaisseaux, s'avança contre les Portugais, ceux-ci l'attaquèrent avec une telle furie que les Indiens prirent aussitôt la fuite. Deux vaisseaux chargés de porcelaines, d'étoffes de la Chine et de marchandises précieuses restaient entre les mains des Portugais. La pièce la plus curieuse de ce riche butin était une statue d'or du poids de soixante marcs, dont les yeux étaient formés de deux grosses émeraudes et qui portait sur la poitrine un rubis étincelant.

Après cette dernière victoire, Vasco de Gama prépara son retour. Il conclut avec le roi de Cananor un nouveau traité conçu dans les mêmes termes que celui qu'avait signé le roi de Cochin. Il fit jurer aux Portugais, qu'il laissait dans le comptoir de Cananor, d'être fidèles à l'honneur. Il laissa Vincent Sodres pour protéger son allié le roi de Cochin contre toutes les attaques du Zamorin de Calicut et pour arrêter tout le commerce que faisaient les Maures avec la Mecque, l'Égypte et Venise.

Il mit à la voile le 20 décembre 1503. Il revint avec treize vaisseaux chargés des dépouilles de l'Hindoustan, accompagné de soldats riches de butin, enivrés de leurs succès et ne respirant plus que la gloire et les conquêtes. Retardé par les vents contraires et les tempêtes, il ne put jeter l'ancre à l'embouchure du Tage que le 1er septembre 1504.

Emmanuel le Fortuné fit à l'heureux capitaine un accueil digne de ses exploits. Il lui décerna un triomphe qui rappela par sa magnificence les pompes triomphales des Romains. Vasco de Gama, accompagné des plus hauts dignitaires de l'Etat, s'avança sur un char magnifiquement orné. Devant lui, les serviteurs du roi portaient le tribut exigé des princes africains, les étoffes précieuses, les vases d'or, les statues de prix et la fameuse idole indienne, avec tout le butin conquis. Après lui marchaient ses braves compagnons qui avaient rendu le nom des Portugais à jamais célèbre en Asie. Tout le peuple acclamait Vasco de Gama et le suivit jusqu'au palais. Emmanuel lui confirma la charge de grand amiral des mers de l'Inde et lui conféra le titre de comte de Vidigueira.

Les résultats de ce second voyage étaient immenses : Vasco avait le premier réussi à fonder pour les Portugais des établissements durables. Il assurait à ses compatriotes la route de l'Inde et le monopole du commerce des épices. Grâce à lui, Venise, la grande république marchande qui approvisionnait à elle seule toute l'Europe des denrées de l'Orient, fut ruinée et tomba dans une décadence profonde. Grâce à lui, les routes du commerce européen dans la Méditerranée furent délaises pour les routes plus sûres et plus directes de l'océan Atlanque. Il sema des comptoirs portugais tout le long des côtes l'Afrique et de l'océan Indien. Et à la suite des marchands rivaient les missionnaires qui cherchaient à faire oublier les justices et les cruautés des colons étrangers et qui offraient Dieu une abondante moisson d'âmes.

Malgré tant de services rendus, Vasco de Gama n'avait pas it taire l'envie. Il avait à la cour de puissants ennemis qui rent le tenir à l'écart dans une sorte de demi-disgrâce pennt toute la fin du règne d'Emmanuel le Fortuné. C'était le oment où l'illustre Alphonse d'Albuquerque étendait l'emre portugais aux Indes et déjouait toutes les tentatives de s ennemis. Mais après sa mort les vice-rois administrèrent al l'empire qui leur était confié. Ils se rendirent coupables 'exactions odieuses, et s'enrichirent aux dépens du roi et e la nation portugaise. Il était temps de mettre fin à tous ces bus. Jean III, successeur d'Emmanuel, eut recours à Vasco de ama et l'éleva à la haute dignité de vice-roi des Indes.

Vasco avait vieilli; ses rudes travaux l'avaient affaibli avant âge : sa charge nouvelle était pour lui un lourd fardeau. Il accepta cependant sans hésiter, parce qu'il voyait dans ce oyage une occasion de rendre un dernier service à son roi t à sa patrie. De grands préparatifs furent commencés, les nrôlements pour l'expédition se firent sans difficulté. Les ières montraient Gama à leurs enfants qui n'étaient pas en ge de partir. Les jeunes gens accouraient pour se faire emarquer. Les vieux marins voulaient suivre leur ancien chef. e jour du départ, tous les travaux furent suspendus comme n jour de fête.

Vasco de Gama mit à la voile le 9 avril 1524. Il franchit ans peine l'océan Atlantique et le cap de Bonne Espérance. lais dans l'océan Indien, presque en vue des côtes de l'Hinloustan, les Portugais coururent un grand danger. Ils étaient etenus depuis plusieurs jours par un calme absolu. Le ciel était brillant et la mer immobile. Tout à coup, sans que l'horizon se chargeât de nuages, une violente tempête sévit; d'énormes vagues vinrent frapper les navires: les matelots éperdus se croyaient à leur dernière heure. « Pourquoi vous effrayer, leur cria Vasco de Gama; ne voyez-vous pas que l'océan subjugué tremble devant ses vainqueurs? » Quand la tourmente fut passée, sans qu'aucun navire eût éprouvé de sérieux dommage, les matelots se répétaient entre eux: « En effet la mer tremble devant Gama. » Vasco, grâce à sa longue expérience de la mer, avait deviné que ce trouble subit était dû à un tremblement de terre; et il apprit lors de son débarquement que de violentes secousses avaient été en effet ressenties sur le rivage au même moment.

Dans l'Inde il secourut le roi de Cochin, il battit le Zamorin de Calicut, l'implacable ennemi des Portugais. Dans cette dernière expédition, il fut frappé de la maladie qui devait l'emporter. Sentant sa fin prochaine, il se fit ramener à Cochin. Il délégua ses pleins pouvoirs de vice-roi à Henry de Menesez, son lieutenant, qui était alors à Goa, et il exigea de tous ses officiers le serment d'être fidèle à son successeur comme à lui-même. Après avoir ainsi réglé les affaires publiques, il ne songea plus qu'à lui et à Dieu. Il fit appeler un prêtre qui le confessa et lui administra les derniers sacrements. Vasco de Gama se repentit sincèrement de ses péchés. Il demanda pardon à tous les assistants de toutes les injustices qu'il avait pu commettre envers eux. Il mourut avec courage, au milieu des sanglots de ses officiers et de ses compagnons: heureux jusque dans la mort, puisque à ses derniers moments il voyait l'Inde soumise, et les profits du commerce de l'Orient assurés pour longtemps à ses concitoyens (15 décembre 1524).

DEUXIÈME PARTIE

FERNAND DE MAGELLAN

MAGELLAN.

DEUXIÈME PARTIE

FERNAND DE MAGELLAN

CHAPITRE PREMIER

BIOGRAPHIE DE FERNAND DE MAGELLAN

Magellan relie les découvertes de Christophe Colomb à celles de Vasco de Gama. — Le tour du monde au XVIe siècle. — Grandeur de l'œuvre de Magellan. — Sa naissance. — Ses premiers voyages. — Séjour à Malacca. — Il abandonne le Portugal. — Ses entrevues avec Charles-Quint. — Difficultés. — Composition de l'escadre. — Départ (20 septembre 1519). — Les récits de Pigafetta. — Premières querelles. — Le Brésil.

Au début du XVIe siècle, Christophe Colomb avait découvert le nouveau monde, et les Espagnols se lançaient à sa suite vers l'ouest afin de conquérir l'Amérique dans toutes ses parties. Vasco de Gama avait suivi la route de l'est : en marchant toujours droit devant lui, il avait atteint les Indes ; et les Portugais maîtres des côtes de l'Afrique exploraient tout l'océan Indien, s'avançaient au delà de la presqu'île de Malacca jusqu'à Bornéo, à Java, et dans tous les archipels de la Malaisie. Espagnols et Portugais semaient partout sur leur passage les colons et les comptoirs : ils fondaient de grandes plantations, recueillaient la poudre d'or, recherchaient les mines de métaux précieux ; surtout ils rapportaient en Europe, au grand désespoir des Vénitiens, le sucre, les liqueurs, les parfums, les épices, les bois de teinture et d'ébénisterie, les cotonnades. Ils se disputaient à l'envi la gloire et le profit des grandes découvertes : c'était une double rivalité qui mettait partout les deux peuples en présence.

Pour empêcher que cette rivalité ne dégénérât en une véritable guerre, les Espagnols et les Portugais s'étaient adressés d'un commun accord au pape Alexandre VI. On s'imaginait alors que le pape était le maître suprême des terres habitées par des idolâtres que l'on espérait convertir. Alexandre VI ne se fit pas trop prier pour présider à ce partage de terres dont les conquérants voulaient bien le reconnaître comme suzerain. Il traça une ligne idéale sur les cartes à 160 milles à l'ouest du groupe des îles Açores. Tout ce qui était à l'ouest devait appartenir aux Espagnols ; tout ce qui était à l'est de cette ligne aux Portugais [1].

Ainsi chacun des deux peuples avait sa route particulière, son itinéraire fixé, ses domaines marqués avec précision. Mais notre globe n'est pas ainsi divisé naturellement par une ligne de démarcation infranchissable. Tout se tient, tout est uni : l'extrême orient touche à l'extrême occident lorsqu'on part d'un point donné : ou plutôt, comme la terre est ronde, les contrées qu'on trouve à l'est de l'Europe quand on va dans une direction, on les retrouve à l'ouest quand on suit la direction opposée. Si la terre était ronde comme l'affirmaient les navigateurs et les savants, on pouvait en faire le tour. On pouvait relier les découvertes de Christophe Colomb et celles de Vasco de Gama au moyen d'un gigantesque voyage de circumnavigation, infiniment plus long et plus périlleux que tous ceux qui avaient été entrepris jusque-là. Ce fut la grande pensée de Fernand Magellan.

Faire le tour du monde ! Cela ne paraît plus rien de nos

1. En dehors de cette ligne le pape laissa aux Portugais le Brésil, qui aurait dû être compris dans la part des Espagnols. Mais un Portugais, Alvarez Cabral, y avait été jeté par la tempête et en avait pris possession au nom de son souverain.

jours : nous avons d'énormes bateaux, admirablement agencés, qui sont comme de petites villes flottantes. Grâce à la vapeur, ces bateaux marchent contre le vent et peuvent braver la tempête. D'ailleurs la route est connue; un nombreux personnel de marins et d'officiers dirige avec une sûreté incomparable ces merveilleux bâtiments. Ceux de nos lecteurs qui ont visité au Havre ou à Marseille quelques-uns de ces splendides paquebots, ou qui en ont vu seulement dans des expositions des modèles réduits, peuvent se faire une idée de toutes les aises qu'on y trouve. Ils ont quatre ou cinq étages superposés où l'homme peut se tenir debout. Ils ont de charmantes cabines où l'on trouve toutes les commodités de la vie, de belles et spacieuses salles à manger, des salons où l'on peut jouer du piano et organiser des concerts ou des bals. La machine à vapeur est assez puissante pour permettre de faire quatre ou cinq lieues à l'heure, c'est-à-dire qu'elle a la vitesse d'un cheval au grand trot. En cent vingt jours on peut très bien maintenant faire le tour de notre globe, et naguère une féerie populaire montrait dans une succession de tableaux habilement groupés comment avec beaucoup d'argent et de complaisance on pouvait faire *le tour du monde en quatre-vingt jours*. C'est donc aujourd'hui une simple promenade, un simple voyage d'agrément.

Tout était nouveau pour Magellan, tout était à faire. Il connaissait l'existence du nouveau monde grâce à Colomb ; il connaissait la route des Indes par l'est grâce à Vasco de Gama. Mais qu'y avait-il entre l'Amérique et les Indes? Un Espagnol, Nunez Balboa, venait, en 1512, de pénétrer par l'isthme de Panama jusqu'à l'océan Pacifique. Mais quelles étaient les limites de cet océan? Pouvait-on y pénétrer par l'Amérique? Y avait-il au sud de ce continent un passage entre l'Atlantique et le Pacifique? et puis au delà, quelle route suivre? quelles terres, quelles mers allait-on rencontrer? A quelle distance même étaient les îles de la Sonde, les dernières terres décou-

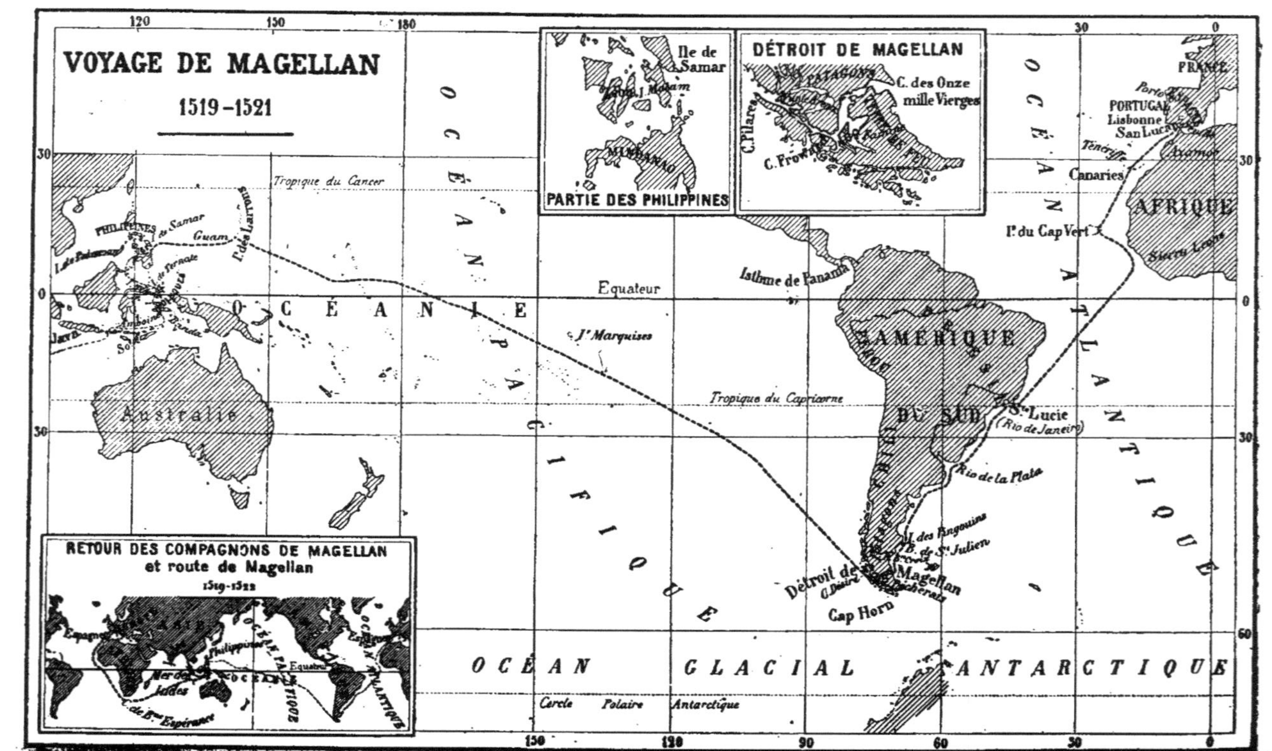

VOYAGE DE MAGELLAN
1519-1521
PARTIE DES PHILIPPINES
Ile de Samar
MINDANAO
DÉTROIT DE MAGELLAN
C. des Onze mille Vierges
C. Pilares
C. Froward
OCÉAN ATLANTIQUE
FRANCE
PORTUGAL
Lisbonne
San Lucar
Ténériffe
Canaries
AFRIQUE
Sierra Leone
I.s du Cap Vert
Tropique du Cancer
I.s des Larrons
Guam
PHILIPPINES
Samar
Ternate
OCÉANIE
OCÉAN PACIFIQUE
Equateur
Isthme de Panama
I.s Marquises
AMÉRIQUE DU SUD
S.te Lucie
(Rio de Janeiro)
Rio de la Plata
Tropique du Capricorne
Australie
Java
I. des Pingouins
B. de S.t Julien
Détroit de Magellan
Cap Horn
OCÉAN GLACIAL ANTARCTIQUE
Cercle Polaire Antarctique
RETOUR DES COMPAGNONS DE MAGELLAN
et route de Magellan
1519-1522
Philippines
Equateur
OCÉAN PACIFIQUE
OCÉAN ATLANTIQUE
Mer des Indes
C. de B.ne Espérance

vertes à l'orient, du Brésil, la dernière terre touchée à l'occident? Voilà autant de questions et bien d'autres encore que nul ne pouvait résoudre; c'était l'inconnu, et l'inconnu est toujours plein de terreurs et de dangers.

Magellan a donc été le trait d'union entre Colomb et Gama. Il est venu après eux, et a profité sans doute de leur expérience, mais il a traversé plus de mers inconnues qu'ils n'en avaient franchi eux-mêmes. Son voyage a été beaucoup plus long et par suite plus pénible. Après lui, on peut dire que le monde était connu dans toutes ses dimensions : il y avait, il y a encore beaucoup de terres à explorer, mais ce ne sont plus que des contrées particulières et des coins restreints de notre globe.

Magellan fait donc partie avec Christophe Colomb et Vasco de Gama de cette glorieuse trinité des grands navigateurs modernes. Il eut à déployer encore plus d'énergie que ses deux prédécesseurs, car il eut à lutter sans cesse contre le mauvais vouloir de son équipage. Moins heureux qu'eux, il n'a pu jouir de sa gloire. Après avoir échappé aux tempêtes, à l'Océan, aux maladies et aux complots de ses hommes, il est mort dans une lutte obscure contre de misérables sauvages, au moment où il venait de trouver la route si longtemps cherchée, et comme enseveli dans son triomphe.

Il n'y a pas bien longtemps que l'on a pu recueillir sur Magellan des documents sérieux qui font connaître sa vie. Son vrai nom était Fernando de Magalhaens. S'il n'est pas né à Porto, comme l'affirment ses anciens biographes, il est certain qu'il y a passé une bonne partie de sa jeunesse. Il appartenait à la meilleure noblesse du Portugal. Il vint de bonne heure à la cour, et fut élevé sous les yeux de la reine Léonor comme page du roi Jean II son époux. Il resta encore dans le palais d'Emmanuel le Fortuné. Puis il retourna à Porto. Il se glorifiait du titre de bourgeois de cette ville; il y connut les plus illustres marins de son époque, et il y entendait constamment parler des grandes découvertes faites au delà des mers, et des exploits des navigateurs. Tout jeune, il fut pris d'un vif enthousiasme pour les lointaines expéditions, et il se jura à lui-même de faire un jour parler de lui.

Naturellement il devait saisir toutes les occasions de courir les mers. Il fit en effet partie de la troupe qu'emmenait avec lui le premier vice-roi des Indes, don Francesco de Alméïda. Il se battit avec courage : il étudia les ressources du pays, les mœurs des habitants. Il chercha surtout à connaître tous les secrets de la géographie et de l'art nautique de son temps. Il alla jusqu'à Malacca, à l'extrémité la plus reculée de l'océan Indien. Il y rencontra Francisco Serrão, un de ses cousins, qui plus tard parcourut Java et se fixa à Ternate, l'une des Moluques. Là Serrão se maria avec une indigène, gagna la confiance du prince du pays et devint le capitaine général de son armée. Mais il n'oublia jamais ses compatriotes : et il entretint, particulièrement avec Magellan, une correspondance suivie pour l'engager à entamer avec ce riche pays des relations commerciales régulières. Duerte Barbosa, qui devait être plus tard le beau-frère de Magellan, contribuait aussi à l'éclairer sur les régions alors inconnues. Ces relations, soigneusement suivies par le jeune officier, contribuèrent pour beaucoup à fixer sa destinée.

Déjà Magellan avait donné des preuves nombreuses de sa décision et de son courage. Un jour qu'il s'était embarqué de Cochin pour revenir en Portugal, de conserve avec un second navire, les deux vaisseaux échouèrent sur des bas-fonds. Les équipages purent heureusement se sauver et atteindre un îlot désert. Bientôt les naufragés voulurent regagner le port le plus proche. Mais les chaloupes restées intactes ne pouvaient emmener tant de monde. Les officiers et les passagers les plus importants voulaient partir les premiers ; mais les simples matelots refusaient de consentir à ce départ, de peur que leurs chefs, une fois en sûreté, ne fissent plus aucun effort pour les tirer de cette terre inhospitalière. Magellan s'offrit pour rester dans l'île avec les matelots qu'on ne pourrait emmener. Il fit promettre à ceux qui partaient, qu'aussitôt arrivés, ils leur expédieraient des secours. Pendant ces pourparlers, Magellan était allé dans les chaloupes prêtes à mettre à la voile. Les matelots s'imaginèrent qu'il songeait aussi à s'éloigner et qu'il les avait trahis. « Ah! seigneur Magellan cria l'un d'eux, n'avez-vous pas promis de rester avec nous. » Alors, sans hésiter, Magellan saute d'un bond sur la plage : « Me voilà, » dit-il. Il fit prendre patience aux matelots sur lesquels il avait un grand ascendant : bientôt ils furent tous rapatriés à Lisbonne.

A Malacca, vers 1510, il s'était si bien familiarisé avec la langue et les usages du pays, qu'il put prévenir son chef Sequeira, d'un complot tramé par les naturels et qui devait aboutir à la ruine complète des établissements portugais dans cette presqu'île. Magellan servit aussi en Afrique, à Azamor[1]. Il se distingua dans un combat livré aux habitants du pays, mais dans une surprise il fut blessé au genou et resta boiteux toute sa vie. A l'occasion d'un partage de bestiaux pris dans une razzia, il mécontenta quelques riches colons qui ne se trouvaient pas sans doute assez favorisés. Ils firent parvenir à la cour leurs plaintes au roi contre l'intègre distributeur du butin conquis, et ils lui suscitèrent dans la suite toutes sortes de tracas.

De retour dans sa patrie vers 1512, il devint successivement gentilhomme du palais et écuyer du roi, avec un traitement de 1850 reis par mois et le privilège très recherché d'avoir le logement et la table à la cour. Mais, calomnié par ses ennemis, Magellan fut forcé de retourner à Azamor pour se justifier. Après avoir réfuté très vite des accusations sans fondement, il demanda à son retour quelques privilèges ho-

1. Azamor, ville maritime de l'empire du Maroc.

norifiques que le roi lui refusa. Magellan était d'humeur peu endurante. Il considéra ce refus comme une disgrâce, et il résolut d'aller chercher un autre maître. De concert avec un des plus célèbres géographes portugais de cette époque, Ruy Faleiro, il renonça à sa nationalité, et alla tenter fortune en Espagne. Sans doute Magellan n'a jamais servi contre sa patrie : il n'a pas commis, à vrai dire, une trahison. Mais l'on ne peut se défendre d'un certain regret de voir ce grand homme, pour une défaveur passagère, abandonner à jamais son pays natal et s'engager au service des rivaux de sa patrie. Plusieurs historiens portugais, comme Barros, ne le lui ont jamais pardonné ; et ils n'ont pas tout à fait tort. En cette circonstance Magellan s'est conduit en ambitieux et non en patriote.

Pendant toute l'année 1517, il était déjà obsédé de l'idée d'aller gagner les Indes par une route nouvelle. Il étudiait les cartes, il interrogeait les marins : il cherchait à se rendre compte de la distance qui sépare l'Amérique du Sud des îles Moluques, où il avait l'intention d'aller trouver son ami Serrâo, à Ternate. Les deux frères Faleiro l'aidaient dans toutes ces études de leur science de géographes. Il se convainquit de la possibilité de faire le tour du monde ; il voulait arriver aux Moluques par l'ouest, tandis qu'on y avait abordé jusque-là que par l'Est. Il écrivit à l'avance à Serrâo qu'il irait le rejoindre par un chemin que nul encore n'aurait suivi.

En Espagne, il se maria avec dona Beatrix, fille d'un grand personnage, commandeur de l'ordre de Santiago, qui dès 1501 avait fait de nombreux voyages dans les mers de l'Inde. Il se concilia encore la faveur de don Juan de Aranda, facteur principal de la *Contratacion* de Séville. On appelait ainsi l'administration coloniale de l'Espagne, qui avait pris déjà des proportions importantes. Juan de Aranda en était le plus important agent commercial.

Magellan alla trouver à Valladolid le roi Charles Ier, si célèbre plus tard sous son nom d'empereur d'Allemagne Charles-

Quint : d'Aranda mit le voyageur en rapport avec le chancelier et l'évêque de Burgos, qui devaient le recommander au roi. Magellan obtint de cette manière plusieurs audiences des ministres de Charles-Quint, et le jeune prince prit part aussi à la discussion. Magellan et Faleiro exposaient le plan qu'ils avaient conçu de tourner l'Amérique du Sud : ils prétendaient qu'elle ne devait pas tenir par une ligne de terres non interrompues aux glaces du pôle antarctique ; qu'il devait y avoir un passage, un détroit, et qu'en le suivant, on arriverait facilement dans les Indes par l'ouest.

On a prétendu que Magellan, grâce à plusieurs cartes déjà parues, avait connaissance de ce détroit. Il est possible que certains géographes aient figuré un passage au sud de l'Amérique méridionale. Mais nul encore n'avait pénétré dans ces régions, on ne pouvait donc que le deviner et le pressentir. La grande découverte de Magellan a pour point de départ la foi profonde, absolue, qu'il avait dans l'existence de ce passage. Elle lui appartient tout entière.

Mais que d'obstacles à vaincre avant de pouvoir seulement partir ! D'abord les ministres conseillent à Charles-Quint de ne pas se fier à des calculs si vagues, à des prévisions si incertaines, et de ne rien risquer dans l'entreprise. Heureusement le roi est piqué au vif par un négociant, qui propose de faire à lui seul tous les frais, et il déclare qu'il se chargera de toutes les dépenses. Puis l'ambassadeur du roi de Portugal essaye de se faire livrer Magellan ; il fait au roi d'Espagne les représentations les plus énergiques à propos de l'appui qu'il accordait à un transfuge. En même temps les officiers du conseil des Indes montrent une hostilité déclarée contre les projets de voyage. Puis l'argent manque, et les armements ordonnés par le roi d'Espagne sont arrêtés.

Enfin quand la petite escadre est prête, la population de Séville s'ameute. Des ennemis de Magellan ont répandu le bruit qu'il substituait les armes du Portugal à celles de l'Espagne sur son vaisseau amiral, tandis qu'il y faisait sculpter ses propres armoiries comme c'était son droit. Les épées furent tirées; Magellan et ses amis furent en danger de mort. Enfin la populace se calma ; Charles-Quint ordonna une réparation publique en l'honneur de Magellan : il fournit tout l'argent nécessaire, il réprimanda les officiers du conseil des Indes; il donna à Magellan un appui si énergique et si constant, que celui-ci put enfin faire les derniers apprêts du départ.

Au moment, où tout était préparé, Magellan eut à subir l'épreuve la plus rude. Un Portugais de ses amis, Sébastien Alvarez, qui était l'agent commercial du roi Emmanuel à Séville, lui fit honte de se mettre au service d'une puissance rivale. Il ajouta qu'il ne fallait pas se fier aux promesses de Charles-Quint, « qu'il avait grand tort de goûter ainsi le miel dont l'évêque de Burgos lui enduisait les lèvres, » que son associé don Ruy Falciro ne cherchait qu'à le tromper, qu'il ne lui avait donné aucun des renseignements promis, et qu'il s'apprêtait à faire voyage à part vers le sud.

Magellan résista courageusement à cette dernière atteinte. Il n'était pas homme à revenir sur une résolution prise après mûre réflexion. Il était bien vrai que Falciro ne pouvait plus faire partie de l'expédition projetée. Sa tête commençait à se troubler. Il perdait déjà la raison. Son nom avait toujours été mentionné le premier dans tous les actes relatifs à l'entreprise. Mais une fois qu'il fut nommé commandeur de Santiago avec Magellan, il fut décidé par le roi d'Espagne qu'il aurait le commandement d'une escadre séparée qui ne partit jamais. C'était un moyen honorable de se débarrasser de lui.

Cependant les difficultés s'accumulaient. Charles-Quint donna le titre d'inspecteur général à Juan de Carthagena, avec des prérogatives égales à celles dont Magellan lui-même devait être investi. Ce personnage devait commander le troisième navire de la flotte. Animé contre Magellan d'une haine violente et d'une basse jalousie, il chercha toujours à entraver l'expédition et il en fut comme le mauvais génie. Enfin un autre Portugais, Estevan Gomez, qui avant l'arrivée de Magellan avait obtenu de commander une escadre du même genre, réussit aussi à se faire enrôler. Il ne pardonna jamais à Magellan d'occuper un poste auquel lui-même avait prétendu.

Ainsi Magellan allait avoir, au lieu de compagnons dévoués, des envieux et des ennemis acharnés à sa perte. Ce n'était pas assez de tous les dangers à courir, il fallait encore qu'une hostilité sourde contrariât tous les projets du valeureux chef de l'escadre. Jamais entreprise plus importante n'avait été commencée sous d'aussi mauvais auspices ; mais Magellan voulait bien ce qu'il voulait : il regardait droit devant lui et marchait sans crainte en renversant tous les obstacles. Il avait l'idée fixe de partir ; il ne réclama contre aucun des choix de Charles-Quint. Il avait ses vaisseaux, et il pouvait mettre à la voile.

Il est certain que tout d'abord l'expédition de Magellan eut un but surtout commercial. Il s'agissait de faire venir les épices des îles de la Sonde à un prix moins élevé que les Portugais ne les obtenaient de Malacca. Grâce à la munificence de Charles-Quint, Magellan avait une escadre plus importante et mieux fournie que Vasco de Gama. Il avait aussi plus de chemin à faire et plus de mers inconnues à franchir. Il emmenait avec lui 265 hommes d'équipage, répartis sur cinq navires : la *Trinité* (120 hommes), qu'il commandait en personne, le *Saint-Antoine* (120 hommes), sous les ordres de Juan de Carthagena; la *Conception* (90 hommes), sous Gaspard de Quésada; la *Victoire* (85 hommes), sous Louis de Mendoza, et le *Santiago* (75 hommes), sous Jean Serrâo. Magellan avait réuni dans son escadre le plus grand nombre de Portugais possible. Une douzaine de Français s'y étaient embarqués : ainsi les Français ne sont pas restés étrangers à la première expédition tentée pour accomplir le tour du monde.

Il faut signaler aussi, parmi les plus célèbres des compagnons de Magellan l'Italien Antonio Pigafetta, chevalier de Malte, qui s'engagea volontairement à la suite de l'illustre chef, et qui lui rendit beaucoup de services à cause de ses connaissances variées, de sa franchise et de sa bravoure. Sans avoir connu Magellan avant le départ de l'escadre, il s'attacha à lui, et il écrivit sur le voyage une relation d'un grand intérêt, dont les voyageurs modernes ont pu constater l'exactitude sur les lieux mêmes[1].

Enfin, au nom de Charles-Quint, Martinez de Leiva, un des principaux dignitaires du conseil des Indes remit à Magellan l'étendard du roi. La cérémonie eut lieu dans l'église Sainte-Marie de la Victoire. Magellan prêta foi et hommage au souverain de la Castille et reçut à son tour le serment de fidélité des officiers qui allaient commander sous ses ordres. Magellan avait fait son testament, et il envoya au roi une supplique pour lui demander de remettre aux pauvres du couvent de la Victoire les 12 500 maravédis dont il avait été gratifié par la munificence royale. Après cette bonne action et de ferventes prières à Dieu pour la réussite de son entreprise, il se rendit à bord de la *Trinité*. Il mit à la voile, de San-Lucar de Barrameda, le port de Séville, le 20 septembre 1519, au milieu des acclamations enthousiastes et des vœux ardents de toute la population accourue pour lui souhaiter un heureux voyage.

Dès le départ, Magellan fit des règlements précis, afin d'assurer la prompte exécution de ses ordres. Son vaisseau devait précéder les autres. La nuit, pour qu'on pût le suivre, il y faisait allumer un flambeau de bois attaché à la poupe. Si l'amiral joignait au flambeau une lanterne, les autres navires devaient en allumer une également, afin de prouver qu'ils suivaient fidèlement. D'autres signaux de feu étaient employés pour faire changer de direction, pour déployer ou carguer les voiles. Des coups de bombarde devaient signaler les bas-fonds

1. Cette relation est la plus étendue qu'on possède et celle dont nous nous servirons surtout dans cette étude.

et la terre[1]. Pour les veillées de nuit, l'équipage était divisé en trois quarts : le premier jusqu'à minuit sous les ordres du capitaine; le second commandé par le pilote; le troisième par le quartier maître. Il exigea la plus sévère discipline pour mieux assurer le succès. Il n'avait même pas fait connaître la route qu'il voulait suivre au delà de l'Amérique à aucun de ses compagnons, par crainte de leurs appréhensions et de leur mauvais vouloir.

La première partie de la route était bien connue, l'escadre devait longer d'abord les côtes d'Afrique; puis gagner le large vers l'ouest, aborder au Brésil et côtoyer vers le sud l'Amérique méridionale jusqu'à la rencontre du passage vers l'océan Pacifique. En six jours elle avait atteint déjà Ténériffe, l'une des Canaries; elle arriva le 3 octobre aux îles du Cap-Vert et fut retenue pendant vingt jours de calme dans les parages de Sierra Leone.

Pigafetta raconte déjà sur cette partie du voyage des aventures auxquelles on ne peut pas toujours ajouter foi. « A Ténériffe, dit-il, il ne pleut jamais, il n'y a ni source d'eau ni rivière. Mais il y croît un grand arbre dont les feuilles distillent continuellement les gouttes d'une eau excellente qui est recueillie dans une fosse au pied de l'arbre. C'est là que les insulaires vont puiser l'eau et que les animaux viennent s'abreuver. Cet arbre est toujours environné d'un brouillard épais, qui sans doute fournit l'eau à ses feuilles. » C'était là en effet une vieille tradition que Pigafetta reproduit sans examen. Les pluies sont rares à Ténériffe, mais enfin elles suffisent à alimenter quelques sources, que les indigènes ménagent avec le plus grand soin. Il parle encore d'oiseaux qui ne font pas de nids, qui n'ont point de pattes, et qui pondent et couvent leurs œufs sur le dos du mâle au-dessus de la mer. Ces oiseaux, que l'on confondait autrefois avec les oiseaux de paradis, ont seu-

1. De nos jours il y a une véritable langue des signaux maritimes. On les fait soit au moyen de pièces d'artifice, soit même au moyen de la lumière électrique.

lement les pattes couvertes de plumes ; et les femelles mènent sur leur dos à la mer les petits à peine éclos.

Dès le début du voyage la mésintelligence éclata entre Magellan et son rival Juan de Carthagena. A Ténériffe celui-ci demanda à connaître la route qui allait être suivie.

A la côte de Sierra Leone, les rapports devinrent plus difficiles ; durant un des jours de calme Juan de Carthagena, s'approchant de la *Trinité*, cria de son bord à Magellan, devant un simple matelot : « Dieu vous sauve, seigneur capitaine et maître, et bonne compagnie ! » Magellan lui fit dire qu'il devrait l'appeler une autre fois de son titre de capitaine général ; et fort insolemment Juan répliqua qu'il avait salué le chef avec le meilleur marin de la flotte, et qu'un autre jour il le saluerait peut-être avec un mousse.

Une autre fois, devant les officiers réunis en conseil, une vive discussion s'éleva sur la façon dont on devait saluer les chefs. Magellan saisit au collet Juan de Carthagena : « Vous êtes mon prisonnier, » dit-il ; et il le fit lier par les pieds et par les mains. En vain Juan réclama l'assistance des autres officiers, afin de faire prisonnier à sa place le capitaine général Les officiers demandèrent seulement que le prisonnier fût remis à la garde de l'un d'eux, ce que Magellan accorda. La mésintelligence existait donc parmi les chefs et allait paralyser pendant longtemps l'expédition.

Le 13 décembre, nos Espagnols touchèrent le Brésil et arrivèrent à un port qu'ils baptisèrent du nom de Sainte-Lucie, où a été bâtie plus tard la grande et belle ville de Rio de Janeiro[1]. « Les Brésiliens, dit Pigafetta, ne sont pas chrétiens, mais ils ne sont pas non plus idolâtres, car ils n'adorent rien. L'instinct naturel est leur unique loi. Ils vivent très longtemps, car les vieillards parviennent ordinairement jusqu'à 125 ans et même

1. Rio de Janeiro veut dire rivière de Janvier. L'Espagnol Souza pénétra dans la grande rade le 1er janvier 1531, et s'imagina que cette rade était l'embouchure d'un grand fleuve.

jusqu'à 140[1]. Ils vont tout nus, les femmes aussi bien que les hommes. Ils habitent de grandes cabanes; ils se couchent sur des filets de coton attachés par les deux bouts à de grosses poutres. Une de ces cabanes contient quelquefois jusqu'à cent hommes, avec leurs femmes et leurs enfants. Leurs barques, qu'ils appellent canots, sont formées d'un tronc d'arbre creusé au moyen d'une pierre tranchante, car les pierres leur tiennent lieu du fer dont ils manquent. Ces arbres sont si grands, qu'un seul canot peut tenir jusqu'à 30 et même 40 hommes, qui voguent avec des rames semblables aux pelles de nos boulangers. A les voir si noirs, sales et chauves, on les aurait pris pour les matelots du Styx. »

« Les hommes et les femmes sont bien bâtis et conformés comme nous. Ils mangent quelquefois de la chair humaine, mais seulement celle de leurs ennemis. Ce n'est ni par besoin ni par goût qu'ils s'en nourrissent, mais par un usage qui, à ce qu'ils nous disent, s'est introduit chez eux de la manière suivante : Une vieille femme n'avait qu'un seul fils, qui fut tué à la guerre. Quelque temps après, le meurtrier de son fils, fait prisonnier, fut conduit devant elle. Pour se venger, cette mère se jeta sur lui comme un animal féroce et lui déchira une épaule avec les dents. Cet homme s'échappa, montra aux siens l'empreinte des dents et leur fit croire que les ennemis avaient voulu le dévorer. Pour ne pas céder en férocité aux autres, ils se déterminèrent à manger réellement les ennemis qu'ils prendraient dans les combats, et ceux-ci en firent autant. Cependant ils ne les mangent pas sur-le-champ, ni vivants ; mais ils les dépècent et les partagent entre les vainqueurs. Chacun porte chez soi la portion qui lui est échue, la fait sécher à la fumée, et chaque huitième jour il en fait rôtir un petit morceau pour le manger. » Évidemment Pigafetta s'est laissé ici

1. Ces chiffres sont évidemment exagérés, mais Améric Vespuce parle aussi de leur longévité exceptionnelle. On lui présenta le fils, le père, le grand-père, le bisaïeul, le trisaïeul, tous vivants.

abuser par un conte de matelots. La férocité, et l'extrême dénûment ont engendré le cannibalisme chez tous les peuples sauvages qui le pratiquent.

« Les Brésiliens se peignent le corps et le visage d'une étrange façon, les femmes aussi bien que les hommes. Ils ont les cheveux courts et laineux et s'épilent soigneusement le reste du corps. Ils portent souvent une espèce de veste faite de plumes de perroquet réunies ensemble, et arrangées de façon que les grandes pennes des ailes et de la queue leur forment un cercle sur les reins, ce qui leur donne une figure bizarre et ridicule. Presque tous les hommes ont la lèvre inférieure percée de trois trous, par lesquels ils passent de petits cylindres de pierre longs de deux pouces. Les femmes et les enfants ne portent pas cet ornement incommode. On trouve dans ce pays un nombre infini de perroquets, de manière qu'on nous en donnait huit ou dix pour un petit miroir. Les Brésiliens ont aussi de beaux chats jaunes, semblables à de petits lions; ils ont des cochons qui nous parurent avoir le nombril sur le dos[1], et de grands oiseaux dont le bec ressemble à une cuiller, mais qui n'ont pas de langue[2]. » On a retrouvé au Brésil ces animaux décrits d'une façon si pittoresque.

« Quelquefois, pour avoir une hache ou un coutelas, ils nous offraient pour esclaves une ou même deux de leurs jeunes filles; mais ils ne nous présentèrent jamais leurs femmes. Ces dernières sont chargées des travaux les plus pénibles, on les voit souvent descendre de la montagne avec des corbeilles fort pesantes sur la tête. Mais elles ne vont jamais seules. Leurs maris, qui en sont très jaloux, les accompagnent toujours avec des flèches dans une main et un arc dans l'autre. Cet arc est de bois de brésil ou de palmier noir. Si les femmes

1. Ce sont les pécaris.
2. Ces oiseaux singuliers portent le nom de spatules.

ont des enfants, elles les placent dans des filets de coton suspendus à leur cou. »

Vous voyez dans toutes ces curieuses descriptions d'un témoin oculaire une foule de traits analogues à ceux que nous avons rapportés des Hottentots et des Cafres. Partout en effet le sauvage procède de même à l'égard de la nature et des êtres plus faibles qui l'entourent. La grande différence, c'est que les indigènes de l'Amérique, surtout dans les plaines, disparaissent avec une grande rapidité, tandis que ceux de l'Afrique pullulent et se multiplient de plus en plus.

Après treize jours d'arrêt dans ce port si large et si majestueux, qui est un des plus beaux et des mieux situés du monde entier, Magellan se remit en marche, côtoyant le littoral vers le sud. Il arriva sans autre incident au gigantesque estuaire du Rio de la Plata. Là Diaz de Solis, quatre ans plus tôt (1516), avait été la victime des indigènes dont il voulait parcourir le pays. On avait même prétendu faussement en Espagne qu'il avait été mangé par les cannibales. Là commencent les terres inconnues, là aussi les révoltes et les complots de l'équipage. Mais de là Magellan va partir pour trouver ce fameux passage du Sud de l'Amérique. C'est donc là que commence la partie vraiment nouvelle et originale de sa grande exploration.

CHAPITRE II

DÉCOUVERTE DU DÉTROIT

Pingouins et phoques. — Les Patagons. — Légendes sur les tailles gigantesques. — Explication. — La vigogne et le guanaco. — Révolte à bord. — Énergie de Magellan. — Cruelle punition des rebelles. — Le détroit. — Dangers de la navigation. — Terreurs de l'équipage. — Port-Famine. — Trahison du *Saint-Antoine*. — Découverte de l'océan Pacifique. — Aperçus géographiques sur le détroit. — Les Pêcherais. — Conséquences de la découverte de Magellan.

Le mois d'avril approchait, c'est-à-dire l'hiver, car dans l'hémisphère austral, à cause de la marche du soleil, les saisons sont précisément opposées à celles de notre hémisphère. Les orages se multipliaient; il était difficile par le mauvais temps de continuer la route dans des parages complètement inconnus. Magellan, après avoir traversé sans s'y arrêter le large estuaire du Rio de la Plata, chercha plus au sud un mouillage favorable où il pourrait s'établir sans danger pour la mauvaise saison. Il passa devant deux îles où vivaient des animaux que l'on ne connaissait guère alors.

« La première est peuplée d'oies peu farouches et en si grand nombre que dans une heure de temps nous en fîmes une abondante provision pour les équipages des cinq vaisseaux. Elles sont noires et paraissent couvertes également par tout le corps de petites plumes sans avoir aux ailes les pennes nécessaires pour voler. Et en effet elles ne volent pas et se nourrissent de poissons. Elles sont si grasses, que nous étions obligés de les écorcher pour les plumer. Leur bec ressemble à une

CAMP DE PATAGONS.

corne. » Ces curieux animaux que décrit Pigafetta sont les *pingouins*, de la famille des plongeurs. Quand on les poursuit, ils courent sur l'eau avec une grande vitesse en prenant leur point d'appui sur leurs larges pattes palmées. Ils plongent seulement lorsqu'ils se croient à l'abri des attaques de l'ennemi et reparaissent beaucoup plus loin. Le meilleur moyen de les prendre est de leur couper la retraite du côté de l'eau; alors on peut les tuer à coups de bâton. Ils abandonnent sans pitié leurs petits à la moindre alerte. L'île s'appelle l'île des Pingouins.

L'autre île porte le nom d'île des Lions. Pigafetta appelle ses habitants des loups marins : « ils ont, dit-il, à peu près la grosseur d'un veau, et aussi sa tête; leurs oreilles sont rondes et leurs dents très longues. Ils n'ont point de jambes et leurs pattes, qui sont attachées au corps, ressemblent assez à nos mains, avec de petits ongles. Mais elles sont palmées, c'est-à-dire que les doigts en sont attachés ensemble par une membrane, comme les pattes d'un canard. Si ces animaux pouvaient courir, ils seraient fort à craindre, car ils montrèrent beaucoup de férocité. Ils nagent fort vite et ne vivent que de poisson. » On reconnaît ici le *phoque* ou *veau marin*, animal très répandu dans les mers les plus voisines du pôle.

Nos braves marins arrivèrent enfin dans la baie de Saint-Julien. Ils y trouvèrent un port sûr, et résolurent d'y passer l'hiver. Là eurent lieu quelques-uns des épisodes les plus intéressants et les plus émouvants de ce voyage.

Depuis deux mois déjà, ils s'étaient établis dans leur hivernage, sans avoir aperçu aucune trace d'habitants, lorsqu'ils virent un homme que Pigafetta décrit avec toutes les allures d'un géant. » Cet homme était si grand, que notre tête touchait à peine à sa ceinture. Son visage était large et teint de rouge, ses yeux entourés de jaune, avec deux taches en forme de cœur sur les joues. Ses cheveux, qui étaient en petite quantité, paraissaient blanchis avec de la poudre. Son manteau était fait de fourrures bien cousues ensemble d'un animal qui abonde dans le pays. Cet homme portait aussi une espèce de chaussure faite de la même peau. Il tenait dans sa main gauche un arc court et massif dont la corde était faite d'un boyau du même animal; de l'autre main il portait des flèches de roseau courtes, ayant d'un côté des plumes comme les nôtres et de l'autre, au lieu du fer, la pointe d'une pierre à fusil blanche et noire. Le capitaine général lui fit donner à manger et à boire. Il lui fit présenter un grand miroir d'acier. Le géant, qui n'avait pas la moindre idée de cet ustensile, recula si effrayé qu'il jeta par terre quatre de nos gens qui étaient derrière lui. On lui donna des grelots, un petit miroir, un peigne, et on le remit à terre en le faisant accompagner par quatre hommes bien armés. »

Évidemment il y a dans ce récit une grande exagération. Cet homme qui renverse quatre matelots en se reculant, et dont la taille dépasse celle des Espagnols de toute la moitié du corps, qui mange par jour une corbeille pleine de biscuit, qui boit un demi-seau d'eau d'une seule haleine et qui avale les souris toutes crues, sans même les écorcher, cet homme n'a jamais existé que dans l'imagination de Pigafetta. Cependant des voyageurs plus modernes ont répété sur ces naturels des fables du même genre et tout aussi peu croyables. Les *Patagons*, tel est le nom que leur a donné Magellan à cause *de leurs grands pieds*[1], sont, il est vrai, de taille élevée. Mais un savant français, qui a demeuré huit mois parmi eux et qui en a mesuré un grand nombre, déclare n'en avoir trouvé jamais de plus de 1m,92 centimètres, ce qui ne fait pas tout à fait six pieds. La taille moyenne chez eux atteint 1m,72, ce qui est une fort belle taille.

Ce qui peut-être contribue à les faire paraître plus grands qu'ils ne sont réellement, c'est qu'on les voit souvent à che-

1. Ce qui contribue à faire paraître leurs pieds plus grands qu'ils ne sont réellement, ce sont les peaux roulées dont ils se servent en guise de sandales.

val, et qu'avec un buste très long ils ont les jambes assez courtes. Ou bien encore ils apparaissent à la pointe de quelque rocher, étroitement serrés dans leurs longs manteaux qui traînent beaucoup au-dessous d'eux, de sorte qu'*on ne sait au juste où ils commencent*. Ils ont tous les épaules larges, le corps robuste, les formes massives et herculéennes. Les femmes sont presque aussi grandes et plus fortes à proportion que les hommes. Les traits sont rudes et forts; les cheveux sont très noirs, gros et plats. Quoique la physionomie soit épaisse, cette race est belle, et ses allures ne manquent pas de fierté.

Ces sauvages sont nomades : ils plantent leur tente de peau là où ils trouvent des pâturages favorables. Ils vivent surtout de chasse, infatigables sur leurs coursiers agiles, aidés de leurs chiens, qui restent en compagnie de la famille et qui lui rendent les plus grands services. Ils chassent la *vigogne* et le *guanaco*, deux animaux qui se ressemblent beaucoup, qui ont, selon Pigafetta, « la tête et les oreilles d'une mule, le corps d'un chameau, les jambes d'un cerf et la queue d'un cheval. » La peau de ces animaux constitue le manteau et la chaussure des *Patagons*, ils sont leur providence et ils pourvoient à tous leurs besoins.

Magellan vit plus tard plusieurs autres de ces sauvages. Il réussit à attirer l'un d'eux sur son navire. Il profita de ce séjour pour le baptiser du nom de Juan et le renvoya comblé de petits présents. Mais quand il en voulut emmener avec lui quelques-uns, il dut se saisir d'eux par la ruse, et jamais il ne trouva moyen d'enlever leurs femmes. Plus timides ou moins privilégiées, elles avaient été laissées à terre dans les huttes. Elles s'enfuirent en voyant approcher les Espagnols, et ils ne purent ramener avec eux d'échantillon du beau sexe.

Durant cet hivernage, une épouvantable tragédie eut lieu à bord : elle faillit coûter la vie à Magellan, et arrêter l'expédition au moment où elle allait réussir. On se rappelle que

VIGOGNE SURPRISE PAR UN COUGOUAR.

déjà sur les côtes d'Afrique Juan de Carthagena avait été mis aux fers pour son insubordination et il y était encore retenu. Mais il excitait secrètement les équipages à la révolte. Il faisait honte aux officiers espagnols d'obéir à un Portugais. Il leur faisait une peinture effroyable des dangers qu'ils allaient courir. La faim, les maladies, les tempêtes, la mort par le froid ou par la dent des naturels, et tout cela à cause de l'entêtement d'un transfuge, qui prétendait forcer la nature et trouver un passage là où Dieu n'en avait pas tracé.

Ces discours et autres semblables furent bien accueillis par Gaspard de Quesada, le capitaine de la *Conception*, chargé de garder Juan de Carthagena, et par Luïz de Mendoza, qui commandait le *Saint-Antoine*. L'état-major de ces deux chefs semblait gagné, et une trentaine de matelots se laissèrent embaucher, bien que d'assez mauvaise grâce, dans cette odieuse conspiration. En arrivant à la baie de Saint-Julien, Magellan, qui trouvait le mouillage favorable, ordonna de faire les préparatifs pour y passer la saison d'hiver. « Les vivres ne nous manquent pas, ajouta-t-il, et j'aimerais mieux mourir que de rétrograder. » Et pour bien commencer cette saison, il invita à dîner à sa table tous les capitaines avec les officiers de leur bord.

Alvaro de Mesquita se rendit seul à cette invitation. Les autres s'abstinrent, et voyant le mauvais effet qu'avait produit la déclaration du capitaine général, ils résolurent d'en profiter pour mettre à exécution leurs sauvages desseins. Durant la nuit qui suivit, Gaspard de Quesada délivra Juan de Carthagena, et de concert avec Mendoza ils cherchèrent à se faire livrer Mesquita. En vain l'un des officiers de ce dernier le défendit avec courage. « Vous allez voir, s'écria Quesada, que ce fou nous empêchera de faire notre affaire. » En même temps il frappa l'officier de trois coups de poignard et Mesquita tomba entre les mains des conjurés. Ils avaient le projet de s'en servir comme d'un otage. Trois équipages semblaient donc gagnés : la *Conception*, le *Saint-Antoine*, la *Victoire*, obéissaient aux révoltés. Magellan n'avait plus pour lui que ses hommes de la *Trinité* : il semblait perdu.

Les révoltés se crurent trop tôt victorieux; ce fut peut-être ce qui sauva Magellan. Ils voulurent en effet éviter un meurtre qu'ils jugeaient inutile. Au lieu de chercher à s'emparer de la personne de Magellan, ils envoyèrent une députation pour lui demander l'exécution stricte des ordonnances que le roi d'Espagne avait rendues en leur faveur, afin qu'ils ne fussent pas maltraités. S'il faisait droit à leur requête, ils promettaient de le traiter de Seigneurie et de lui baiser la main : ce qui équivalait à une entière soumission. Les conjurés paraissaient donc solliciter seulement la grâce de Juan de Carthagena. Mais sans aucun doute, après cette concession obtenue, ils eussent demandé le retour de la flotte en Espagne; l'expédition de Magellan eût échoué misérablement, et lui-même, dépouillé de son commandement et déshonoré, fût devenu la victime de sa faiblesse.

A leur insolente sommation, Magellan répondit avec fermeté que les capitaines devaient venir en personne, sur la *Trinité*, lui exposer leurs réclamations, et qu'il s'entendrait avec eux. Ils refusèrent naturellement, pour ne pas devenir ses prisonniers. Alors Magellan déploya une énergie farouche.

Parnaudace et sa décision il terrifia les mutins, et il réussit à force de vigueur à faire rentrer dans le devoir les équipages encore hésitants. Il retint d'abord la chaloupe qui lui avait rapporté la réponse des trois capitaines. Il fit ensuite mettre à la mer deux embarcations : l'une contenait six hommes armés sous l'alguazil[1] Gomez de Espinosa, l'autre quinze hommes résolus sous son parent Duerte Barbosa.

Gomez de Espinosa s'approche de Luiz de Mendoza, lui présente une lettre du capitaine général, qui lui enjoignait de ve-

1. Nom des officiers de police en Espagne, donné aussi à certains agents de l'ordre judiciaire.

nir s'expliquer avec lui. Au moment où Mendoza répliquait par un éclat de rire, signifiant qu'il ne se laisserait pas attraper, et qu'il se moquait de son chef, Espinosa lui donna un coup de poignard dans la gorge et un matelot le frappa de son coutelas à la tête. En même temps Barbosa s'empare de la *Victoire*, qui regrettait son chef Mesquita, tombé dans un affreux guet-apens.

Quand des conjurés semblent hésiter, ils perdent l'avantage : aussi le lendemain Quesada et Juan de Carthagena n'avaient plus avec eux qu'un petit nombre d'officiers et les matelots les plus compromis. Les autres cherchaient au contraire par un dévouement tardif à fléchir la colère du chef et à gagner leur pardon. Toute la nuit ils résistèrent aux tentatives des deux capitaines pour les engager davantage dans le complot. Et le lendemain, sur la sommation de Magellan, quand ils se virent menacés par les équipages réunis de la *Trinité* et de la *Victoire*, ils lui livrèrent Juan de Carthagena, avec Quesada et tous les mutins.

Magellan par un châtiment atroce voulut frapper l'imagination des matelots et leur inspirer une terreur salutaire de sa personne. Il fit porter à terre le corps presque inanimé de Luiz de Mendoza, et devant tous les équipages réunis il le fit couper par quartiers, en lisant une sentence qui le flétrissait du nom de traître. Trois jours plus tard, Gaspard de Quesada fut tiré de la soupente où il était garrotté, et il fut condamné à la même peine. Son propre domestique se chargea de lui couper la tête à coups de hache, pour éviter d'être pendu. Juan de Carthagena et un prêtre qui avait cherché à soulever les matelots furent abandonnés avec quelques provisions sur ces plages désolées, lorsque Magellan les quitta pour toujours. Enfin Magellan pardonna à plus de quarante matelots qui avaient encouru la peine capitale, mais dont le repentir paraissait sincère, et dont le secours était indispensable. Sans doute Magellan se conduisit dans cette circonstance avec une rare férocité. Il faut bien reconnaître cependant que la promptitude et la vigueur de la répression donnèrent à réfléchir à ceux qui n'étaient pas encore complètement engagés. Magellan avait frappé les chefs, c'est-à-dire les vrais coupables. Il découragea à jamais les résistances, et désormais officiers et soldats se plièrent docilement à ses volontés.

Magellan avait besoin alors plus que jamais de toute son autorité. Il allait s'engager dans ce terrible détroit qu'il cherchait au Sud de l'Amérique, et qui est encore aujourd'hui justement redouté par les navigateurs. Il n'y a pas là comme au Sud de l'Afrique un *cap des Tempêtes*. Mais le détroit tout entier pourrait s'appeler *détroit des Tempêtes*. C'est un passage très long, très tortueux, souvent très resserré, où les vents s'engouffrent et sifflent comme dans un long couloir. Beaucoup d'autres couloirs secondaires s'ouvrent sur le principal; à chaque détour, à chaque carrefour des courants d'air violents viennent surprendre tout à coup les navires, qui ne peuvent savoir à l'avance quel sera le vent. Ainsi l'air est dans une perpétuelle et violente agitation : des tourbillons, des trombes redoutables sont la conséquence de tous ces chocs.

La mer est profondément soulevée par ces tempêtes; notre grand navigateur Dumont d'Urville a noté des vagues hautes de 27 mètres. Supposez-vous entre deux murailles liquides hautes comme des maisons de six étages : même avec nos gros navires d'aujourd'hui n'y a-t-il pas de quoi être justement effrayé? La mer a de loin en loin de véritables forêts marines de varech[1]; le navigateur redoute à chaque instant de ne pouvoir se dégager de ces millions de lianes et de bras, ou de sombrer sur des rochers invisibles. Des pluies intenses ou des ouragans de neige viennent fouetter trop souvent les na-

1. Plante sous-marine ordinairement attachée aux récifs, mais qui dans le détroit de Magellan atteint une grande longueur. Les navires peuvent glisser sans difficulté à la surface.

vires, qui sont alors le jouet des vents et des courants.

Enfin une cruelle perplexité tient sans cesse l'esprit en suspens. On se trouve au milieu d'un dédale d'îles, de petits canaux de terres dominées par de hautes montagnes neigeuses. Vous croyez trouver un passage, vous vous heurtez souvent au fond d'une baie ; ou bien, si le détroit est réellement ouvert, à la suite d'un grand nombre de tours et de détours, il vous ramène au point de départ. Quelle angoisse de ne jamais voir au loin devant soi ! d'avoir toujours sous les yeux de hautes murailles de rochers et de glaces! de ne savoir comment choisir entre les centaines de petits canaux qui se présentent comme issue possible au milieu du labyrinthe où l'on se trouve engagé !

Songez combien étaient encore plus grands tous ces dangers pour le hardi capitaine qui s'engageait le premier à la découverte ! Pour lui aucune carte, aucune indication des vents régnants, aucune connaissance des récifs, des bas-fonds, des canaux les plus faciles et les plus courts. Avec cela des manœuvres très compliquées et très difficiles à cause des voiles et des cordages, là où nos bateaux à vapeur, qui obéissent si docilement, n'arrivent pas toujours à manœuvrer assez vite.

Cent fois les compagnons de Magellan s'imaginèrent qu'il les menait au fond des gouffres de l'enfer. Cent fois ils se virent sur le point d'être jetés le long de ces effrayants rivages, en proie à la misère, au froid, à la faim. Cent fois ils se crurent perdus au milieu des amas confus de rocs et de montagnes, naviguant dans des gorges étroites, sans soleil, presque sans lumière, ayant la route barrée devant eux et n'espérant pas la retrouver en arrière. Mais toujours Magellan donnait l'ordre de marcher en avant. Il était au-dessus de toute terreur. Il voulait vaincre la nature ou mourir; et dans ce grand duel avec la nature Magellan l'a emporté. Il a triomphé grâce à un effort de volonté surhumaine. C'est un des plus audacieux et des plus étonnants triomphes que jamais homme ait remporté.

La navigation s'ouvrit sous de fâcheux auspices : avant même de lever l'ancre du port de Saint-Julien, le *Santiago* envoyé vers le Sud pour reconnaître la côte fit naufrage au milieu des rochers. Mais heureusement tout l'équipage réussit à se sauver. Seulement il fallut rester encore deux mois sur le rivage pour recueillir toutes les épaves. Cependant le mois d'août arrivait; les jours rallongeaient déjà depuis plus d'un mois dans cet hémisphère où les saisons sont justement le contraire des nôtres. Le froid diminuait aussi. Le temps devenait plus favorable pour continuer la route. Magellan ordonna de planter sur la cime la plus voisine une grosse croix; il prit possession du pays au nom du roi d'Espagne, et il ordonna enfin de mettre à la voile le 24 août 1521.

La route fut très lente, parce que le littoral se découpe de plus en plus. Magellan faisait explorer à fond toutes les baies et les estuaires des fleuves; il voulait être bien sûr de ne point laisser derrière lui le détroit qu'il cherchait. Dans l'une de ces reconnaissances, à l'entrée de la rivière Sainte-Croix, les vents soufflaient furieusement, la mer roulait des vagues énormes. Toute l'escadre faillit périr et il fallut encore près de deux mois pour réparer les avaries,

Enfin le 21 octobre, par environ 52 degrés de latitude, Magellan arriva à l'entrée du fameux détroit. Il y trouva un cap qu'il appela le cap des *Onze mille vierges*[1]. « Tout l'équipage, nous dit Pigafetta, était si persuadé que ce détroit n'avait pas d'issue à l'ouest, qu'on ne se serait pas même avisé de la chercher sans les grandes connaissances du capitaine général. » Magellan allait s'enfoncer dans cette anfractuosité comme dans toutes celles qu'il avait jusque-là rencontrées. Ce n'était pas au moment où, par une sorte d'instinct supé-

1. On l'appelle encore aujourd'hui le cap des Vierges. Magellan l'a découvert le jour de la fête des Onze mille vierges.

rieur, il se sentait sur la vraie piste, qu'il était disposé à l'abandonner à cause des vaines représentations de ses hommes.

Aussitôt engagée, l'escadre fut assaillie par une formidable tempête qui dura trente-six heures. Il fallut relever les ancres pour éviter de les perdre, et la petite flottille fut entraînée au gré des flots et des vents. Fâcheux début pour cette redoutable navigation. Le capitaine général avait envoyé en éclaireurs le *Saint-Antoine* et la *Conception*, afin de reconnaître la route!

« Les deux vaisseaux furent aussi agités que nous, dit Pigafetta, et ne purent parvenir à doubler un cap pour nous rejoindre; de façon qu'en s'abandonnant aux vents qui les portaient toujours vers le fond de ce qu'ils supposaient être une baie, ils s'attendaient à y échouer d'un moment à l'autre. Mais à l'instant qu'ils se croyaient perdus, ils virent une petite ouverture, qu'ils prirent pour une anse de la baie, où ils s'enfoncèrent, et voyant que ce canal n'était pas fermé, ils continuèrent à le parcourir et se trouvèrent dans une autre baie, dans laquelle ils poursuivirent leur route jusqu'à ce qu'ils se trouvassent dans un autre détroit, d'où ils passèrent dans une autre baie encore plus grande que la précédente. »

Voilà certes un récit bien embrouillé : il émane cependant d'un témoin oculaire et il fait très bien comprendre combien la traversée du détroit est compliquée et difficile. C'est une navigation toute de surprises. Une succession de tableaux se présente comme dans une lanterne magique; après un cap, un détroit, puis une baie qui subitement apparaît comme ouverte; puis un second détroit, puis une baie plus grande qui peut-être est ouverte aussi! On se croirait dans une sorte de cauchemar, où toutes les routes semblent barrées, où l'on ne peut aller ni en avant, ni en arrière.

Pour les matelots de Magellan, ce cauchemar était une réalité. A la découverte de la troisième baie le *Saint-Antoine* et la *Conception* n'avaient pas encore traversé le quart du détroit. Les deux navires revinrent trouver Magellan : on les croyait perdus. Magellan se porta alors en avant avec ses quatre vaisseaux; il arriva bientôt au point où s'étaient arrêtés ses éclaireurs. Il le dépassa même et put naviguer dans un large bras de mer entre des terres plus basses et plus accessibles. Là sont les mouillages les plus faciles. Là se sont établis les Espagnols dès le XVIe siècle, en un endroit appelé *Port-Famine*[1]. Ce nom de triste présage ne doit pas cependant faire illusion. Le climat y est à peu près celui de notre Bretagne. On y trouve en abondance des poissons et des coquillages; la terre pourrait y être cultivée avec succès. Un peu plus au nord, les Chiliens ont là encore aujourd'hui un établissement de grand avenir, appelé *Punta Arena*.

Mais près de Port-Famine, Magellan se trouva dans le plus grand embarras. Deux canaux s'ouvraient devant lui, l'un au sud-est et l'autre au sud-ouest. Lequel choisir? Il fallait de nouveau éclairer la route. Le capitaine général envoya encore la *Conception* et le *Saint-Antoine*. Mais l'équipage de ce dernier navire fut repris de ces terreurs qu'il avait éprouvées déjà si vivement lors de la première reconnaissance. Il se révolta. Le brave chef qui le commandait, Alvaro de Mesquita, dont la fidélité à Magellan ne s'était jamais démentie et qui voulait encore accomplir ses ordres, fut mis aux fers. L'équipage révolté prit pour chef le pilote Étienne Gomez, Portugais comme Magellan. Il haïssait son chef, parce qu'il avait espéré obtenir de Charles-Quint le commandement d'une escadre à part, et qu'il n'avait eu qu'une place subalterne de pilote. Étienne Gomez persuada aux rebelles de profiter de la nuit pour reprendre la route suivie en venant, et s'en retourner directement en Espagne. Les rebelles partirent. Étienne Gomez aurait bien voulu encore voler à Magellan sa gloire.

1. Une colonie de 400 Espagnols avait été fondée en cet endroit en 1581 par Sarmiento. Au bout de soixante ans la colonie avait cessé d'exister; presque tous les habitants étaient morts de faim. De là ce nom de *Port-Famine*.

Il avait emmené le Patagon prisonnier et il espérait s'en faire un trophée de victoire. Mais le pauvre géant, mourut de chaleur en approchant de l'équateur. Les calculs ambitieux du traître furent déjoués.

Pendant cette reconnaissance, Magellan en avait poussé une autre dans le canal du sud-ouest. Il arriva en peu de temps au cap Froward, qui est la pointe la plus méridionale du continent. Puis il fit armer une grande chaloupe, et il lui traça le chemin à suivre. Avec son instinct de marin et de savant, il lui indiqua précisément la route la plus rapide et la plus sûre vers l'Océan. « Les matelots de cette embarcation revinrent le troisième jour et nous annoncèrent avoir vu le cap où finissait le détroit et une grande mer, c'est-à-dire l'Océan. Nous en pleurâmes tous de joie. Ce cap fut appelé le *cap Désiré*, parce qu'en effet nous désirions depuis longtemps de le voir. »

Jugez de la douloureuse surprise de Magellan lorsque, revenant à l'entrée du canal, il retrouva la *Conception* sans le *Saint-Antoine!* Il soupçonnait peut-être une trahison, mais il ne voulait pas laisser partager ses soupçons à ses compagnons. Il envoya la *Victoire* jusqu'à l'entrée du détroit, en lui ordonnant de planter des étendards et des croix : au-dessous de chacune, il placerait dans une marmite bien fermée des lettres, avec l'indication du chemin que le capitaine se proposait de suivre. C'est ainsi encore de nos jours que les marins laissent derrière eux des traces de leur passage dans les mers peu fréquentées.

Le désappointement des marins de l'escadre fut grand lorsque la *Victoire* revint sans nouvelles du *Saint-Antoine*. Ils pleurèrent leurs compagnons comme perdus. Fort heureusement que Magellan était arrivé à ses fins ; car s'il avait dû les entraîner de nouveau dans ces affreux dédales de canaux bordés de montagnes, de rocs gigantesques, de glaciers et de neiges, ils auraient peut-être refusé de le suivre. Mais maintenant le grand navigateur pouvait montrer à ces hommes une mer libre à perte de vue. C'était le couronnement de tant d'espérances, c'était le triomphe lentement, péniblement conquis. Au spectacle de cet Océan sans limites, les marins versèrent des larmes de joie et acclamèrent leur glorieux chef. Ils voyaient enfin en lui un homme inspiré du ciel pour ouvrir de nouvelles voies à l'activité de ses contemporains et des générations futures.

Tous avaient comme par enchantement oublié leurs souffrances et leurs angoisses. Pigafetta, qui a si longuement insisté sur toutes les difficultés du passage, parle désormais du détroit avec une sorte d'enchantement : « A chaque demi-lieue on y trouve un port sûr, de l'eau excellente, du bois de cèdre, des sardines et une grande abondance de coquillages. Il y avait aussi des herbes dont quelques-unes étaient amères, mais d'autres étaient bonnes à manger, surtout une espèce de céleri doux qui croît autour des fontaines et dont nous nous nourrîmes faute de meilleurs aliments. *Enfin je crois qu'il n'y a pas au monde de meilleur détroit que celui-ci.* » Magellan lui avait donné le nom de *détroit des Patagons*. La postérité plus équitable a rendu justice au grand explorateur en l'appelant *détroit de Magellan*.

Après avoir assisté au grand drame de la découverte et du passage, il est utile de dire quelques mots de la géographie du pays. Le détroit de Magellan commence dans l'Atlantique au cap des Vierges, il se termine dans le Pacifique au cap Pilares. Le cap Froward, à la pointe du continent américain, le divise en deux parties très nettement tranchées.

A l'est de ce cap, le canal est unique ; on est sûr de ne pas se tromper en suivant toujours sa route droit devant soi. Les montagnes sont peu élevées ; d'assez belles vallées avec des prairies s'ouvrent le long des grandes baies. C'est le prolongement un peu plus accidenté des plaines du rio de la Plata. Les mouillages sont nombreux et sûrs. Là se trouve *Punta*

Arena, établissement chilien très bien situé. C'est là que relâchent les nombreux navires qui font la traversée du détroit. Cet établissement, encore peu peuplé, semble appelé par sa position à devenir un des grands entrepôts du monde, jusqu'au moment où un canal sera percé dans le voisinage de l'isthme de Panama.

A l'ouest du cap Froward les canaux se ramifient à l'infini : il y a une foule de couloirs resserrés et de faux détroits, entre lesquels les navigateurs, même de nos jours, sont souvent embarrassés pour reconnaître leur route. D'ailleurs le sol s'élève ; de hautes montagnes, d'énormes glaciers limitent tellement l'horizon, que la route semble à chaque instant obstruée. On se demande avec terreur comment on réussira à sortir de ce redoutable dédale. Dans cette partie les ramifications de la chaîne des Andes se prolongent avec le même caractère grandiose et sauvage. Les pics sont aussi élevés et aussi menaçants, mais les vallées sont plus profondes, la mer y circule librement et fait de chaque massif une des îles du détroit.

Le plus grand danger de la navigation dans ces parages c'est ce que les marins appellent des *sautes de vent*. Ce sont de brusques changements dans la direction des vents. En quelques minutes, de furieuses rafales soufflent de tous les points de l'horizon ; puis des calmes plats succèdent immédiatement, et plus loin, au moindre détour des montagnes, au moindre carrefour de canaux, de violentes bouffées d'air recommencent à souffler, sans qu'il soit possible d'en prévoir ni la direction, ni l'intensité. C'est ce qui a fait abandonner la navigation du détroit de Magellan par les bateaux à voile. Ils passent en général plus au sud, au large du cap Horn. Depuis que les bateaux à vapeur sont d'un usage général, la navigation du détroit a repris faveur : elle abrège la route, et les vapeurs luttent avec difficulté, mais triomphent ordinairement des *sautes de vent*. Qu'on juge combien

LES PICS DU DÉTROIT DE MAGELLAN.

Magellan eut à souffrir avec ses chétifs bateaux à voiles!

Pigafetta ne dit rien des habitants de ces contrées : peut-être n'en a-t-il pas vu. Il y en a pourtant et qui appartiennent à deux races différentes, réparties exactement dans les deux sections du détroit. A l'est, ce sont des Patagons, nomades et chasseurs, qui ne diffèrent pas de ceux que nous avons dépeints ; plusieurs de leurs tribus sont groupées autour de Punta Arena. Ils ne dépassent guère le cap Froward.

De l'autre côté de ce cap on ne trouve plus que des *Pécherais*, appelés aussi *Fuégiens* ou habitants de la Terre de Feu[1]. Ils ont beaucoup de traits communs avec les Esquimaux, les Lapons et toutes les populations des régions polaires. Ce sont de misérables pêcheurs, de petite taille, au teint basané, aux membres obèses, aux cheveux noirs, plats, durs et graisseux. Malgré le froid, ils sont à peine couverts de peaux de bêtes, et les jeunes enfants restent complètement nus, vu l'extrême pauvreté des parents. Ils n'ont guère d'autre bien que leurs légères pirogues ou barques faites d'écorce d'arbre. Leurs huttes de peau sont faciles à transporter de rivage en rivage, là où la pêche offre les chances les plus favorables.

Ce sont des peuples enfants, comme tous les sauvages. Un marin français qui les a étudiés à diverses reprises rapporte à ce propos l'anecdote suivante[2]. « Mis en gaieté par le biscuit et le pain fournis de façon à satisfaire complètement leur appétit, ils ne tardèrent pas à prendre des familiarités avec nos matelots. Le chef gardait assez bien sa dignité ; mais ses deux compagnons folâtraient sur le pont, affublés de chemises,

1. Les archipels situés au sud du détroit de Magellan portent le nom de *Terre de Feu*, soit à cause des feux qu'allument de loin en loin les indigènes, soit à cause des volcans nombreux et des éruptions assez fréquentes. Mais il faut se souvenir que la Terre de Feu est assez rapprochée du pôle, et que le froid y est très vif.

2. C'est M. V. de Rochas dans le *Tour du Monde*, t. III, livraison 66.

vestes, pantalons et souliers percés. Les souliers étaient ce qui leur paraissait le plus drôle. Aussi battaient-ils de la semelle comme des maîtres d'escrime. On coiffa l'un d'eux d'un couvercle en cuivre et on lui mit une glace devant la face. La stupéfaction fut le premier sentiment que lui fit éprouver la phénomène inconnu de la réflexion du miroir. Puis, collant son nez sur la glace comme pour embrasser l'image, il inclinait la tête à droite, à gauche, dans tous les sens, étonné de voir l'être fantastique qu'il avait sous les yeux exécuter les mêmes mouvements. Il voulut tenir la glace entre ses mains et alors il se mirait et retournait la glace brusquement, mais il ne voyait rien par derrière. Il prit alors le parti de saisir le miroir d'une seule main, et tout en fixant l'image de porter la main derrière la glace, pour saisir le singulier individu qu'il avait en présence. A la stupéfaction première avait succédé une joie folle, qui, arrivée à son paroxysme, fut couronnée par des entrechats. »

Parmi eux le droit du plus fort règne sans contestation : ce sont les femmes qui rament, mais ce sont les hommes qui mangent le biscuit, que leur donnent de temps à autre de charitables navigateurs. En échange les Pécherais leur offrent leurs jeunes enfants, dont ils voudraient bien se débarrasser. Triste cadeau! et qu'on ne manque jamais de refuser.

La découverte du détroit par Magellan eut des conséquences incalculables. Le premier il atteignait par mer le grand Océan! Il démontrait d'une façon visible l'erreur de Christophe Colomb qui avait cru toucher aux Indes, et qui avait donné au nouveau monde le nom d'Indes occidentales[1]. On sut dès lors que l'Amérique forme bien un con-

1. Quelques années avant le voyage de Magellan, l'Espagnol Balboa avait traversé l'isthme de Panama. Il était entré à cheval dans les flots du grand Océan et il en avait pris possession au nom du roi d'Espagne. On pouvait donc croire dès ce moment que l'Amérique est tout à fait distincte des Indes et de la Chine. Mais la véritable démonstration de ce fait ne fut fournie que par Magellan.

tinent à part. Le détroit de Magellan est à plus de 4000 lieues du point le plus rapproché de l'Asie. Cette découverte allait permettre à quelques-uns des compagnons de Magellan d'accomplir en entier le *tour du monde*. Elle ouvrait la route vers le Chili, le Pérou, ces grands et riches pays qui vont bientôt tomber sous la domination espagnole.

Magellan eut donc raison de ne jamais désespérer de la fortune; si, après un mois de rude traversée, il n'avait pas trouvé le passage tant désiré, il était déterminé à le chercher jusqu'au 75e degré, en pleine région polaire. Il eût imposé à ses hommes d'hiverner au milieu des glaces et des neiges. Il a donc bien *voulu* sa découverte. Elle n'est nullement l'effet du hasard, elle est due à son obstination autant qu'à son génie. Honneur donc au labeur infatigable et obstiné! C'est la cause de presque toutes les découvertes et des progrès les plus utiles.

CHAPITRE III

TRAVERSÉE DU PACIFIQUE ET MORT DE MAGELLAN

Famine et scorbut. — Les îles des Larrons. — Les Philippines. — Utilité du palmier. — L'homme armé. — Plantation de croix. — Abondance de l'or. — Le roi de Zébu. — Son amitié pour Magellan. — Conversions. — Mœurs des Malais. — La bénédiction du cochon. — Les mariages. — Les funérailles. — Veuves brûlées sur les corps de leurs époux. — Expédition de Magellan à Matam. — Sa mort.

Le passage était trouvé. Beaucoup de marins seraient revenus en Europe pour se hâter d'annoncer la grande découverte, et auraient remis à un second voyage, ou laissé à un successeur le soin d'achever *le tour du monde*. N'eût-il trouvé que le détroit qui porte son nom, la part de Magellan était belle, déjà son nom eût été glorieux. Ne risquait-il pas d'ailleurs en continuant sa route aventureuse de périr au milieu de quelque tourmente? Alors le secret de sa découverte eût été enseveli avec lui, et il fallait qu'un capitaine aussi audacieux que lui et aussi bien inspiré se dévouât de nouveau pour la tenter.

Mais Magellan était de cette forte race d'hommes qui croient n'avoir rien fait tant qu'il leur reste quelque chose à faire. Il s'était promis d'aborder par la route de l'ouest aux îles Moluques, où l'on n'était encore parvenu que par la route de l'est. Il s'était promis de revenir en Espagne en faisant le tour du monde. Après l'heureuse issue de cette navigation si difficile, il n'était pas homme à reculer d'un seul instant l'exécution des plans hardis qu'il avait conçus. Il avait devant lui un immense océan : il fallait en sonder l'étendue, il fallait continuer de marcher à l'ouest. Magellan fit mettre le cap vers la position présumée des îles Moluques.

« Le 28 novembre (1520) nous débouchâmes du détroit pour entrer dans la grande mer que nous appelâmes Pacifique, parce que durant tout le temps de la traversée nous n'essuyâmes pas la moindre tempête. Nous ne découvrîmes non plus pendant ce temps aucune terre, excepté deux îles désertes, où nous ne trouvâmes que des oiseaux et des arbres, et par cette raison nous les désignâmes sous le nom d'*îles Infortunées*. Nous ne trouvâmes point de fond le long de leurs côtes et ne vîmes que plusieurs requins. Elles sont à deux cents lieues l'une de l'autre. »

Tel est le résumé très bref que donne Pigafetta d'une navigation qui a duré *trois mois et vingt jours* et pendant laquelle l'escadre parcourut *plus de 4000 lieues*. L'océan Pacifique a gardé le nom que lui a donné celui qui l'a traversé le premier dans toute sa largeur. Il ne faudrait pas croire cependant qu'il soit toujours aussi bénin que l'ont trouvé par bonheur les matelots de Magellan. Le capitaine Cook et notre célèbre Bougainville y ont éprouvé d'affreuses tempêtes, qu'ils ont notées dans leur journal de bord; et bien des navires, surtout des baleiniers, y ont été engloutis.

Mais ce qui nous étonne le plus dans cette relation, c'est que l'escadre n'ait rencontré sur sa route que deux misérables îles désertes, alors que cet océan Pacifique est constellé d'un nombre infini d'îles et d'archipels. Ce sont ceux de l'Océanie qui forment, comme on l'a dit, la *voie lactée de la mer*. Les compagnons de Magellan auraient pris à tâche d'éviter toute terre qu'ils n'auraient pu mieux réussir. Il est assez difficile de bien indiquer sur un planisphère quelle route ils ont suivie : on croit généralement qu'ils passèrent entre l'archipel Dangereux de Bougainville et les îles Marquises. Ils franchirent l'équateur pour pénétrer dans l'hémisphère Nord vers le 172° degré de longitude occidentale. S'ils avaient suivi une route un peu plus au sud, ils auraient trouvé beaucoup d'îles où le ravitaillement aurait été des plus faciles. Elles forment comme les arches d'un pont gigantesque qui aurait existé jadis entre l'Asie et l'Amérique.

L'expédition eut naturellement beaucoup à souffrir de ne pouvoir toucher terre pendant un temps aussi long. « Pendant trois mois et vingt jours nous ne pûmes goûter d'aucune nourriture fraîche. Le biscuit que nous mangions n'était plus du pain, mais une poussière mêlée avec des vers qui en avaient dévoré toute la substance ; de plus il était d'une puanteur insupportable, étant imprégné d'urine de souris. L'eau que nous étions obligés de boire était également putride et puante. Nous fûmes même contraints, pour ne pas mourir de faim, de manger des morceaux de cuir de bœuf dont on avait recouvert la grande vergue, pour empêcher que le bois ne rongeât les cordes. Ces cuirs, toujours exposés à l'eau, au soleil et aux vents, étaient si durs qu'il fallait les faire tremper pendant quatre à cinq jours dans la mer pour les rendre un peu tendres. Ensuite nous les mettions sur de la braise pour les manger. Souvent même nous avons été réduits à nous nourrir de sciure de bois, et les souris mêmes, si dégoûtantes pour l'homme, étaient devenues un mets si recherché, qu'on les payait jusqu'à un demi-ducat la pièce. »

Ces atroces souffrances ont été plus d'une fois imposées aux marins. Un certain Léry, au siècle dernier, ne dut la vie qu'aux boucliers de tapir qu'il avait embarqués comme objets de curiosité. Bougainville et Cook n'ont sauvé leurs équipages qu'à l'aide de cuirs servant au même usage. En 1550, une souris se payait quatre écus sur l'escadre de Pizarre, le conquérant du Pérou. Ceux d'entre nos lecteurs qui ont vécu à Paris pendant le siège savent très bien qu'on se disputait comme un mets recherché les souris, les rats et les animaux les plus immondes. On en offrait en cadeau à ses amis, et c'était un cadeau des plus appréciés.

D'autres souffrances s'ajoutèrent bientôt à celles-ci. « Notre plus grand malheur, continue Pigafetta, était de nous voir attaqués d'une espèce de maladie par laquelle les gencives se gonflaient au point de surmonter les dents tant de la mâchoire supérieure que de l'inférieure. Et ceux qui en étaient attaqués ne pouvaient prendre aucune nourriture. Dix-neuf d'entre nous en moururent, et parmi eux était le géant Patagon et un Brésilien que nous avions conduits avec nous. Outre les morts nous avions vingt-cinq à trente matelots malades, qui souffraient de douleurs dans les bras, dans les jambes et dans toutes les parties du corps; mais ils en guérirent. Quant à moi, je ne puis trop remercier Dieu de ce que, pendant tout ce temps et au milieu de tant de malades, je n'aie pas éprouvé la moindre infirmité. »

On reconnaît à cette description le *scorbut*, qui s'était attaqué de même en Afrique aux compagnons de Vasco de Gama. La famine et les maladies firent donc de grands ravages; si les malheureux compagnons de Magellan avaient dû lutter encore contre les éléments, aucun d'eux n'aurait survécu. Pigafetta en fait la remarque et en remercie de nouveau la Providence : « Si Dieu et sa sainte Mère ne nous eussent pas accordé une heureuse navigation, nous aurions tous péri de faim dans une si vaste mer. Je ne pense pas que personne à l'avenir veuille entreprendre un pareil voyage. » En effet ces dangers pouvaient décourager les plus audacieux. Ils se passa cinquante-six ans avant qu'un autre marin osât suivre les traces de Magellan. L'Anglais Drake est le premier qui ait accompli après lui *le tour du monde*.

Enfin, le 6 mars 1521, les compagnons de Magellan touchèrent à une petite île qui n'est autre que l'île de *Guaham*, du groupe des Mariannes. Ils espéraient pouvoir s'y ravitailler et surtout renouveler leur provision de viande fraîche et de fruits, afin de guérir ceux des matelots qui souffraient encore du scorbut. Cruelle déception ! Les insulaires ne venaient sur les vaisseaux que pour y voler ce qu'ils voyaient. Ils eurent même l'adresse d'enlever l'esquif qui était attaché à l'arrière. Alors le capitaine irrité fit une descente à terre avec quarante hommes armés. Il brûla une cinquantaine de maisons ainsi que plusieurs canots et il recouvra l'esquif qu'on lui avait pris. Mais il fallut continuer la route sans plus s'arrêter. Quand les sauvages virent partir l'escadre, ils la suivirent avec une centaine de canots; ils montraient du poisson comme s'ils voulaient le vendre et quand on s'approchait pour faire l'échange, ils lançaient des pierres sur les Espagnols et prenaient la fuite.

N'y a-t-il pas là une image vraie du fameux supplice de Tantale? Songez à l'angoisse de ces pauvres marins, épuisés par tant de souffrances, abattus par le scorbut. Ils ont sous les yeux des vivres frais, c'est-à-dire le salut, et quand ils cherchent à s'en saisir, ils sont reçus à coups de pierres! Savaient-ils, ces malheureux, s'ils retrouveraient d'autres terres plus hospitalières? s'ils ne seraient pas ballottés encore pendant trois mois avant de pouvoir aborder?

Cette île avec ce groupe reçut le nom bien mérité d'*îles des Larrons*, qui leur est resté. Leurs habitants sont très pauvres, mais très adroits et surtout voleurs habiles. Ce sont, on pourrait le dire, des *sauvages aquatiques*. Ils nagent avec une rapidité et une vigueur étonnantes. Ils passent la plus grande partie de leur temps dans des canots qui ont quelque analogie avec les gondoles de Venise, mais plus étroits, peints en noir, en blanc ou en rouge. Ils les conduisent à l'aide d'une voile assez lourde de feuilles de palmier. Mais, comme le vent pourrait trop facilement faire chavirer leur frêle esquif, ils ont imaginé d'ajouter de chaque côté à leur canot un système de balanciers. Leur gouvernail ressemble à une pelle de boulanger; c'est une perche au bout de laquelle est attaché une planche. Ils ne font point de différence entre la poupe et la proue, et ils ont un gouvernail à chaque bout.

Enfin, après avoir navigué encore dix jours, et parcouru 300 lieues, Magellan eut le bonheur de toucher à l'île de *Samar*, qui fait partie du grand archipel des Philippines. C'est là que les Espagnols vont se ravitailler abondamment, se remettre par un repos bien gagné d'une si longue et si pénible navigation. Là ils chargeront leurs navires de lingots d'or et des épices plus précieuses encore. Mais là aussi ils vont perdre leur chef intrépide, à quelques pas des îles Moluques, le but de son voyage. Il mourra debout, comme Moïse, au seuil de cette nouvelle terre promise, dont il avait préparé l'entrée à ses compagnons et dont il n'eut pas le bonheur d'apercevoir les rivages.

Dès leur première station aux Philippines, les Espagnols trouvèrent en abondance tout ce qui leur avait manqué si longtemps : du poisson, du vin de palmier, des bananes, des noix de coco, du riz et toutes sortes de vivres frais. Le palmier surtout est vraiment la providence de ces contrées. Pigafetta fait de tous les usages auxquels il est propre une description enthousiaste, que la science peut accepter encore aujourd'hui.

« Les noix de coco sont les fruits d'une espèce de palmier dont les indigènes tirent leur pain, leur vin, leur huile et leur vinaigre. Pour avoir le vin, ils font à la cime du palmier une incision qui pénètre jusqu'à la moelle et d'où sort goutte à goutte une liqueur qui ressemble au moût blanc, mais qui est un peu aigrelette. On reçoit cette liqueur dans des tuyaux de la grosseur de la jambe, qu'on attache à l'arbre, et qu'on a soin de vider deux fois par jour, le matin et le soir. Le fruit de ce palmier est de la grosseur de la tête d'un homme, quelquefois même il est plus gros. Sa première écorce, qui est verte, a deux doigts d'épaisseur : elle est composée de filaments, dont on se sert pour faire des cordes, afin d'amarrer les barques. Ensuite on trouve une seconde écorce plus dure et plus épaisse que celle de la noix. On brûle cette écorce et on en tire une poudre employée à divers usages. Il y a dans l'intérieur une moelle blanche de l'épaisseur d'un doigt, qu'on mange en guise de pain avec la viande et le poisson. Dans le centre de la noix au milieu de cette moelle, on trouve une liqueur limpide douce et fortifiante. Si, après avoir versé cette liqueur dans un vase, on la laisse reposer, elle prend la consistance d'une pomme.

« Pour avoir de l'huile, on prend la noix, dont on laisse putréfier la moelle avec la liqueur; ensuite on la fait bouillir et il en résulte une huile épaisse comme du beurre. Pour obtenir du vinaigre, on laisse reposer la liqueur seule, laquelle étant exposée au soleil devient acide et semblable au vinaigre qu'on fait avec du vin blanc. Nous en faisions aussi un liquide qui ressemblait au lait de chèvre, en grattant la moelle, en la détrempant dans sa liqueur même et en la passant ensuite par un linge. Les cocotiers ressemblent aux palmiers qui portent les dattes. Mais leurs troncs n'ont pas un si grand nombre de nœuds, sans être cependant bien lisses. Une famille de dix personnes peut subsister avec deux cocotiers en faisant alternativement chaque semaine des trous à l'un et laissant reposer l'autre, afin qu'un écoulement continuel de la sève ne le fasse pas périr. On nous a dit qu'un cocotier vit un siècle entier. »

En outre, les feuilles servent à fabriquer certains tissus grossiers; plusieurs espèces de palmiers ont, à l'extrémité de chaque rameau, des feuilles enroulées très tendres et excellentes à manger. C'est le *palmier chou*. Une autre espèce, le *sagoutier*, a une moelle intérieure que l'on peut découper et faire cuire comme de la pâte et qui forme un pain ou des galettes très légères et fort agréables au goût. Ajoutons que ces arbres viennent d'eux-mêmes, qu'ils forment d'énormes forêts, qu'ils portent des fruits plusieurs fois l'année. Aussi les habitants des Philippines peuvent-ils vivre presque sans travail de fruits qui mûrissent sans culture dans une sorte de paradis terrestre.

Magellan resta douze jours dans cette île de Samar, afin de donner un peu de repos à ses hommes et de laisser à ses malades le temps de se remettre. Avec le vin généreux du palmier, les oranges, les noix de coco et les volailles fraîches, ils furent bientôt remis sur pied, et ils oublièrent en peu de temps toutes leurs souffrances passées. Le 28 mars, ils arrivèrent dans l'île de Massana, qui est une des plus petites de l'archipel. Les Espagnols y furent très bien reçus. Le roi de l'île, prévenu, vint lui-même à bord avec six ou huit de ses principaux sujets : il embrassa le capitaine, il lui fit présent de trois vases de porcelaine pleins de riz cru, de deux dorades (sorte de poisson) assez grosses, et de quelques autres objets. Le capitaine lui offrit à son tour une veste de drap rouge et jaune faite à la turque et un bonnet de fin écarlate; aux hommes de sa suite il fit présent de miroirs et de couteaux.

Mais Magellan voulut donner à ce prince une haute idée de ses richesses et de sa puissance. Il exposa sous ses yeux toutes les marchandises apportées pour le trafic. Après l'avoir ébloui, il l'effraya. Il ordonna de tirer à poudre quelques coups de canon, dont les naturels furent très épouvantés. Puis il fit armer de toutes pièces un de ses officiers, et chargea trois hommes de lui donner des coups d'épée et de stylet comme à un mannequin pour montrer au roi que rien ne pouvait le blesser. Magellan ajouta qu'un seul homme ainsi armé pouvait combattre contre cent des sujets du prince, et chacun des trois vaisseaux portait deux cents hommes possédant une pareille armure. Tout le monde a vu dans des musées, ou tout au moins dans des gravures, ces vieilles armures complètes, casque, cuirasse, cuissards, brassards et gantelets, où l'homme était enfermé comme dans une carapace invulnérable. L'homme d'armes à cheval se lançait au milieu des ennemis comme une forteresse vivante, et pour avoir raison du chevalier ainsi équipé, il fallait le jeter à bas de son cheval ; il était aussi incapable de se relever qu'une tortue renversée sur le dos. Les ennemis accouraient alors, et cherchaient à percer ce malheureux, *au défaut de la cuirasse*, entre deux des pièces de l'armure.

Le roi, qui ne voulait pas être en reste de politesse, emmena avec lui Pigafetta et un autre officier de Magellan, pour leur faire visiter ses domaines. Il leur fit si grande chère avec son vin de palmier et son eau-de-vie de riz, que l'officier, qui n'était pas sur ses gardes, but sans mesure et s'enivra. Au contraire, Pigafetta demandait les noms de chacun des objets qu'il avait sous les yeux et les écrivait avec soin. Il en fit une sorte de petit dictionnaire fort curieux, qu'on a retrouvé à la suite de son manuscrit. Mais il lui arriva une déconvenue dont il semble tout triste : pour ne pas faire d'impolitesse à son hôte, il fut forcé de manger avec lui du porc bouilli le vendredi saint !

Le surlendemain, jour de Pâques, Magellan voulut profiter des bonnes dispositions du roi, son nouvel allié, et de son frère, pour descendre dans l'île et y célébrer la messe avec toute la pompe que réclame un pareil jour. Les deux frères accordèrent sans difficulté tout ce que demandait Magellan. Ils le suivirent même à la messe, allèrent, comme lui, baiser la croix à l'oblation. A l'élévation, ils adorèrent l'Eucharistie avec les mains jointes, imitant comme des singes, et sans y rien comprendre tout ce que faisaient les Espagnols. Après la messe, quelques officiers communièrent, et Magellan fit exécuter une danse guerrière, ce qui fit le plus grand plaisir aux deux rois.

Enchanté de ce début, Magellan voulut continuer son rôle de missionnaire. Il fit apporter une grande croix garnie de clous et de la couronne d'épines. « Cette croix, dit-il est l'étendard qui m'a été confié par l'empereur mon maître pour la planter, partout où j'aborderai. En la voyant dressée sur quelque sommet de cette île, les vaisseaux européens sauront que nous avons été reçus ici en amis, et s'abstiendront de toute violence envers vos personnes et vos propriétés. Chaque matin vous irez adorer cette croix ; elle vous préservera de la foudre et des orages. »

Les rois remercièrent le capitaine, et promirent d'exécuter à la lettre toutes ses prescriptions. La croix fut solennellement plantée sur le sommet de la plus haute montagne des environs. Les chrétiens et les deux rois idolâtres l'adorèrent avec la même ferveur, et l'on se sépara bons amis.

Nous passâmes sept jours dans cette île, pendant lesquels nous eûmes occasion d'observer leurs usages et leurs coutumes. Ils ont le corps peint et vont tout nus, sauf un morceau de toile autour des reins. Les femmes portent un jupon d'écorce d'arbre qui leur descend de la ceinture en bas. Leurs cheveux sont noirs et leur tombent quelquefois jusque sur les pieds. Leurs oreilles sont trouées et ornées de pendants d'or. Ils sont grands buveurs et mâchent toujours un fruit appelé *arec*, qui ressemble à une poire; ils le coupent par quartiers, l'enveloppent dans des feuilles du même arbre appelé *bétel* et ils y mêlent un peu de chaux. Après qu'ils l'ont bien mâché, ils le crachent et leur bouche devient toute rouge. Il n'y a aucun de ces insulaires qui ne mâche le bétel, lequel, à ce qu'ils prétendent, leur rafraîchit le cœur. On assure même qu'ils mourraient s'ils voulaient s'en abstenir[1]. Il y a dans cette île des chiens, des chats, des cochons, des chèvres et des poules; et l'on y trouve comme végétaux comestibles le riz, le millet, le maïs, les noix de coco, l'orange, le citron, la banane et le gingembre. Il y a aussi de la cire.

« L'or y est en abondance, ainsi que le prouveront deux

1. Nous avons déjà parlé à propos de l'Inde de cette coutume de mâcher le bétel et nous avons dit qu'il a l'avantage d'ouvrir et de réveiller l'appétit.

faits dont j'ai été témoin. Un homme nous apporta une jatte de riz et des figues et demanda en échange un couteau. Le capitaine, au lieu du couteau, lui offrit quelques pièces de monnaie et entre autres une double pistole d'or. Mais il les refusa et préféra le couteau. Un autre offrit un gros lingot d'or massif pour avoir six fils de grains de verroterie. Mais le capitaine défendit expressément de faire cet échange, de peur que cela ne donnât à comprendre à ces insulaires que nous appréciions plus l'or que le verre et les autres marchandises. » Remarquons ici le bon sens et la fermeté de Magellan : il résiste à l'appât de l'or ; il force ses hommes à refuser les lingots qu'on leur offre à pleines mains. Il ne veut pas déprécier aux yeux des naturels les pauvres objets de quincaillerie et de verroterie qu'il leur donne en échange de leurs richesses. C'était le moyen d'avoir beaucoup plus encore des sauvages.

Guidé par le roi de Massana, qui avait voulu lui servir de pilote, Magellan arriva enfin à *Zébu*, le 7 avril 1521. Le roi du pays hésita quelque temps à recevoir les étrangers. Il voulut d'abord les soumettre au droit que payaient tous les navires qui venaient trafiquer dans son port. Mais le roi de Massana et des trafiquants maures parlèrent au roi de Zébu de la puissance du roi d'Espagne, bien supérieure, disaient-ils, à celle du roi de Portugal, qui est maître de Calicut, de Malacca et de toutes les grandes Indes. Le roi de Zébu comprit qu'il valait mieux avoir les envoyés d'un tel monarque pour alliés que pour ennemis, et il résolut de les bien recevoir.

Le lendemain, le roi de Zébu fit dire aux envoyés de Magellan que non seulement il n'exigerait aucun tribut des étrangers, mais qu'il était prêt lui-même à se reconnaître le vassal du roi d'Espagne. Magellan déclara qu'il demandait seulement pour les Espagnols le droit de faire le commerce dans l'île, à l'exclusion de toutes les autres nations européennes. L'accord fut bientôt conclu, et pour le rendre plus solennel, le roi et le capitaine général se tirèrent chacun un peu de sang du bras et se l'envoyèrent l'un à l'autre.

Magellan renouvela la petite scène de l'homme armé de pied en cap qui lui avait déjà si bien réussi à Massana. Il inspira ainsi à ses nouveaux hôtes un respect absolu pour sa personne et son autorité, surtout quand il eut ajouté qu'avec de pareilles armures les Espagnols avaient autant de facilité à repousser leurs ennemis qu'à s'essuyer la sueur du front.

Peu à peu les relations devinrent plus cordiales : Magellan s'informa de la famille du roi de Zébu. Ce prince n'avait que des filles ; l'aînée était mariée à son neveu, qui, à cause de cela, était regardé comme son héritier. « En parlant de la succession parmi eux, on nous apprit que quand les pères ont un certain âge, on n'a plus de considération pour eux et que le commandement passe alors aux fils. Ce discours scandalisa le capitaine ; Dieu qui a créé le ciel et la terre, disait-il, a expressément ordonné aux enfants d'honorer leur père et leur mère, et a menacé de châtier du feu éternel ceux qui transgressent ce commandement. Pour leur faire mieux sentir la force de ce précepte divin, il ajouta que nous étions tous également sujets aux mêmes lois divines, parce que nous sommes tous également fils d'Adam et d'Ève. »

Ainsi amené à parler de l'Écriture Sainte, Magellan ne manqua pas l'occasion de recommander à ces sauvages de se faire baptiser. « Ils témoignèrent leur satisfaction à ces discours, et ajoutèrent qu'ils seraient bien contents de recevoir le baptême ; toutefois qu'ils voulaient auparavant consulter leur roi à ce sujet. Le capitaine leur dit alors qu'ils eussent soin de ne pas se faire baptiser par la seule crainte que nous pouvions leur inspirer, ou par l'espoir d'en tirer des avantages temporels, parce que son intention n'était pas d'inquiéter personne parmi eux pour avoir préféré de conserver la foi de ses pères ; il ne dissimula pas cependant que ceux qui se feraient chrétiens seraient les plus aimés et les mieux traités.

Tous s'écrièrent que ce n'était ni par crainte, ni par complaisance pour nous qu'ils allaient embrasser notre religion, mais par un mouvement de leur propre volonté... »

« Le capitaine les avertit en même temps qu'il fallait baptiser aussi leurs femmes, sans quoi ils devaient se séparer d'elles s'ils ne voulaient pas tomber en péché. Ayant su qu'ils prétendaient avoir de fréquentes apparitions du diable qui leur faisait grand peur, il les assura que, s'ils se faisaient chrétiens, le diable n'oserait plus se montrer à eux qu'au moment de la mort. Ces insulaires, émus et persuadés de tout ce qu'ils venaient d'entendre, répondirent qu'ils avaient pleine confiance en lui ; sur quoi, le capitaine, pleurant d'attendrissement, les embrassa tous. » Remarquez ce mélange de foi religieuse et de prudence humaine : Magellan promet de ne forcer personne à se convertir, il recommande surtout de ne pas souhaiter le baptême en vue d'aucun avantage matériel; et cependant il promet sa protection et ses faveurs à tous ceux qui se feront chrétiens, et avec cela de beaux présents.

En effet, les présents ne se font pas attendre : au prince héritier un drap blanc de toile très fine, un bonnet, des verroteries, une tasse de verre dorée, toutes choses très estimées par ces peuples; au roi, une veste de soie jaune et violette à la turque, un bonnet écarlate, des grains de cristal et deux autres tasses dorées, servies sur un plat d'argent; à toutes les personnes de sa suite des cadeaux en proportion de leur rang.

La cérémonie du baptême fut fixée au 14 avril. Une estrade fut dressée sur une grande place et décorée de tapisseries et de branches de palmier. Magellan s'y rendit en grande pompe, précédé de la bannière royale et suivi d'une nombreuse escorte, au bruit des salves de toutes les bombardes. Le capitaine et le roi s'embrassèrent. Le capitaine dit au roi que, parmi les autres avantages dont il allait jouir en se faisant chrétien, il aurait celui de vaincre plus facilement ses ennemis. « Le prince répondit qu'il était bien content de se faire chrétien, même sans cette raison ; mais qu'il aurait été fort charmé de se faire respecter de certains chefs de l'île, qui prétendaient être des hommes comme le roi, et qui refusaient de lui obéir. Le capitaine les fit appeler, et leur fit dire par l'interprète, que s'ils n'obéissaient pas au roi, il les ferait tous tuer. A cette menace tous les chefs promirent de reconnaître l'autorité royale.

« Après avoir planté une grande croix au milieu de la place, on publia un avis que quiconque voulait embrasser le christianisme devait détruire ses idoles et mettre la croix à leur place. Tous y consentirent. Le capitaine, prenant alors le roi par la main, le conduisit sur l'estrade. On l'habilla entièrement en blanc ; puis on le baptisa avec le roi de Massana, le prince son neveu, le marchand maure et d'autres au nombre de cinq cents. Le roi, qui se nommait radjah *Humabon*, fut appelé *Charles*, du nom de l'empereur. Les autres reçurent des noms divers. On célébra ensuite la messe, après laquelle le capitaine invita le roi a dîner.

« Après dîner, nous allâmes en grand nombre à terre avec notre aumônier, pour baptiser la reine et d'autres femmes. Nous montâmes avec elle sur la même estrade. Je fis voir à la reine une petite statue qui représentait la Vierge avec l'enfant Jésus, ce qui lui plut beaucoup et l'attendrit. Elle me la demanda pour la mettre à la place de ses idoles, ce à quoi je consentis volontiers. On donna à la reine le nom de *Jeanne*, en souvenir de la mère de l'empereur. Nous baptisâmes ce jour-là près de 800 personnes, hommes, femmes et enfants... Bientôt tous les habitants de Zébu et des îles voisines furent baptisés. Il y eut cependant un village dans une de ces îles dont les habitants refusèrent d'obéir au roi et à nous. Après l'avoir brûlé, on y planta une croix, parce que c'était un village d'idolâtres. »

On le voit, Magellan traita cruellement ceux qui refusaient de se convertir. Ces conversions étaient bien un peu hâtives :

les Espagnols versaient sur les fronts des sauvages l'eau sainte du baptême avant de leur avoir enseigné la belle morale de l'Évangile; aussi les sauvages avaient-ils conservé leurs idoles. Ils leur faisaient encore des sacrifices, malgré toutes les menaces de Magellan. Leur conversion n'apporta guère aucun changement à leurs habitudes.

Pigafetta a vu de près les indigènes des Philippines, et nous a laissé un tableau très intéressant de leurs mœurs : « En arrivant à la ville, nous trouvâmes le roi dans son palais, accompagné d'un grand cortège. Il était assis par terre sur une natte de palmier. Son corps était tout nu, n'ayant qu'un pagne de coton. Il portait en outre un voile brodé à l'aiguille autour de la tète, un collier de grand prix au cou, et aux oreilles deux grands cercles d'or entourés de pierres précieuses. Il était petit, replet, et peint de différentes manières par le moyen du feu[1]. Il mangeait à terre, sur une autre natte, des œufs de tortue contenus dans deux vases de porcelaine, ayant devant lui quatre cruches pleines de vin de palmier, couvertes d'herbes odoriférantes. Dans chacune de ces cruches il y avait un tuyau de roseau par le moyen duquel il buvait.

« Le roi voulut nous donner à souper, mais nous nous excusâmes et prîmes congé de lui. Le prince, son gendre, nous conduisit dans sa propre maison, où nous trouvâmes quatre filles qui faisaient de la musique à leur manière. L'une battait un tambour pareil aux nôtres, mais posé par terre; l'autre avait auprès d'elle deux timbales et avec une baguette frappait alternativement tantôt sur l'une et tantôt sur l'autre; la troisième battait de la même manière une grande timbale; la quatrième frappait alternativement l'une contre l'autre deux petites timbales qui rendaient un son fort

1. Ces peintures se pratiquaient au moyen de fers qui pénétraient dans le chairs. Un homme ainsi tatoué semble vêtu d'un cachemire de l'Inde taillé en maillot.

doux. Elles allaient toutes si bien en mesure, qu'on devait leur supposer une grande intelligence de la musique. Ces timbales sont de métal ou de bronze, et se fabriquent en Chine. Elles tiennent lieu de cloches. Ces insulaires jouent aussi d'une espèce de violon dont les cordes sont de cuivre; ils ont aussi une espèce de musette qui ressemble beaucoup à la nôtre.

« Ces filles étaient fort jolies et presque aussi blanches que des Européennes. Elles avaient un morceau de toile d'écorce d'arbre qui leur descendait depuis la ceinture jusqu'au genou. Le trou de leurs oreilles était fort grand et se trouvait garni d'un cercle de bois pour l'élargir encore davantage et lui donner de la rondeur. Elles avaient les cheveux longs et noirs, et se ceignaient la tête d'un petit voile. Elles ne portaient jamais de souliers, ni aucune autre chaussure.

« La reine, jeune et belle personne, était vêtue entièrement d'un drap blanc et noir, ayant la tête garnie d'un grand chapeau fait de feuilles de palmier, en forme de parasol, surmonté d'une triple couronne formée des mêmes feuilles, qui ressemblait à la tiare du pape, et sans laquelle elle ne sort jamais. Elle avait la bouche et les ongles peints d'un rouge très vif... Un jour, la reine vint ainsi dans toute sa pompe à la messe. Elle était précédée de trois jeunes filles qui tenaient à la main trois de ses chapeaux. Elle portait sur son costume ordinaire un grand voile de soie à raies d'or, qui lui couvrait la tête et les épaules. Elle venait en compagnie de plusieurs femmes dont la tête était ornée d'un petit voile surmonté d'un chapeau. Leurs cheveux étaient épars. La reine, après avoir fait la révérence à l'autel, s'assit sur un coussin de soie brodée. Le capitaine versa sur elle, ainsi que sur les femmes de sa suite, de l'eau de rose musquée, odeur qui plaît infiniment aux femmes de ce pays. »

On voit par toute cette peinture combien les Malais des Philippines l'emportent sur les Patagons et sur les Hottentots. On s'aperçoit qu'ici l'on s'approche de l'Asie, que l'on n'est plus complètement en pays sauvage. Les Malais tiennent, en effet, beaucoup de leurs coutumes des Asiatiques, dont ils sont assez voisins, et auxquels ils ont été mêlés de tout temps par les mille liens du commerce et de la navigation. Cela n'empêche pas les superstitions grossières qu'entraîne toujours le culte des idoles. En voici une fort curieuse que nous décrit Pigafetta, et dont plusieurs autres voyageurs ont parlé à peu près dans les mêmes termes. C'est la *bénédiction du cochon.*

« On commence cette cérémonie par battre de grandes timbales. On porte ensuite trois grands plats, dont deux sont chargés de poisson rôti, de gâteaux de riz et de millet cuit, enveloppés dans des feuilles; sur l'autre, il y a des draps de toile de Cambaie et deux bandes de toile de palmier. On étend par terre un de ces linceuls de toile. Alors viennent deux vieilles femmes, dont chacune tient à la main une grande trompette de roseau. Elles se placent sur le drap, font une salutation au soleil et s'enveloppent des autres draps de toile qui étaient sur le plat. La première de ces deux vieilles se couvre la tête d'un mouchoir qu'elle lie sur son front, de manière qu'il y forme deux cornes; et prenant un autre mouchoir dans ses mains, elle danse et sonne en même temps de la trompette, en invoquant de temps en temps le soleil. L'autre vieille fait de même, puis toutes les deux sonnent ensemble de leur trompette et dansent longtemps autour du cochon qui est lié et couché par terre.

» Pendant ce temps, la première, parle toujours d'une voix basse au soleil, tandis que l'autre lui répond. Après cela, on présente une tasse de vin à la première qui la prend, sans cesser de danser et de s'adresser au soleil, l'approche quatre ou cinq fois de sa bouche, en feignant de vouloir boire, puis finit par verser la liqueur sur le cœur du cochon. Elle rend ensuite la tasse et on lui donne une lance qu'elle agite. Touours en dansant et parlant, elle la dirige plusieurs fois contre le cœur du cochon qu'elle perce à la fin d'outre en outre, d'un coup prompt et bien mesuré. Aussitôt qu'elle a retiré la lance de la blessure, on la ferme et on la panse avec des herbes salutaires. Durant toute cette cérémonie, il y a un flambeau allumé que la vieille qui a percé le cochon prend et met dans sa bouche pour l'éteindre. L'autre vieille trempe dans le sang du cochon le bout de sa trompette, dont elle va toucher et ensanglanter le front des assistants, en commençant par celui de son mari. Cela fini, les deux vieilles se déshabillent, mangent ce qu'on avait apporté dans les deux premiers plats, et invitent les femmes et non les hommes à manger avec elles. »

Il paraît que cette cérémonie singulière est usitée pour consacrer les mariages dans ces pays. Le fiancé doit d'abord payer le prix de la jeune fille au père; il doit lui offrir à elle-même des parures et des cadeaux. Il doit ensuite se mettre lui-même, comme Jacob, au service de celui qui sera son beau-père. Il paye ainsi à l'avance trois dots à sa fiancée, après quoi tout peut être rompu. Qu'on suppose une jeune et jolie Malaise très coquette, ou un père très avare : ils feront ainsi travailler beaucoup de futurs maris et se feront combler l'un et l'autre de présents. Il est vrai que quand le sang du cochon consacré a été versé selon les formes sur le front des jeunes époux, tout change. La femme que l'on courtisait naguère, qui pouvait faire à son gré la coquette et qui se faisait payer chèrement, n'est plus qu'une esclave, condamnée aux plus rudes travaux et quelquefois aux plus cruels traitements.

Après les mariages, les funérailles. « A la mort d'un de leurs chefs, on pratiqua également des cérémonies singulières dont j'ai été le témoin. Le cadavre était placé dans une caisse autour de laquelle on fit une enceinte avec des cordes. Des draps de coton furent suspendus aux cordes et à des branches d'arbres pour former des pavillons. Sous ces pavillons s'assirent les femmes les plus considérées du pays, couvertes d'un drap blanc. Chacune avait une suivante qui la rafraîchissait avec un éventail de palmier. Elles s'assirent d'un air triste. L'une d'elles coupa les cheveux du mort. Une autre, qui était la première femme du défunt, s'étendit sur lui de façon qu'elle avait sa bouche, ses mains et ses pieds, sur sa bouche, sur ses mains et sur ses pieds. Tandis que l'une coupait les cheveux du mort, l'autre pleurait, et elle chantait quand l'autre s'arrêtait. Tout autour de la chambre, il y avait plusieurs vases de porcelaine remplis de feu où l'on jetait de la myrrhe et du benjoin pour parfumer l'air. Ces cérémonies durent cinq à six jours, pendant lesquels le cadavre ne sort pas de la maison : je crois qu'on a soin de l'embaumer avec du camphre. On l'enterre enfin dans la même caisse fermée au moyen de chevilles de bois. »

A Java, Pigafetta a noté des coutumes toutes différentes. « C'est l'usage, dit-il, qu'on brûle les corps des principaux qui meurent, et que la femme que chacun d'eux aimait le plus est destinée à être brûlée vive dans le même feu. Ornée de guirlandes de fleurs, elle se fait porter par quatre hommes sur un siège par toute la ville, et d'un air riant et tranquille elle console ses parents, qui pleurent sa mort prochaine en leur disant : « Je vais ce soir souper avec mon mari, et cette « nuit je reposerai près de lui. » Arrivée au bûcher, elle les console de nouveau par les mêmes discours et se jette dans les flammes qui la dévorent. Si elle s'y refusait, elle ne serait plus regardée comme une femme honnête, ni comme un bonne épouse. » Sans doute, si la femme a un amour assez vif de celui qu'elle a perdu pour courir d'elle-même à la mort, on ne peut que la plaindre de son sacrifice aveugle; mais le plus souvent elle ne se sacrifie que pour obéir à une odieuse et barbare coutume.

Jusque-là tout avait réussi à Magellan : les rois de Massana et de Zébu l'avaient accueilli avec une cordialité inespérée; ils s'étaient convertis au christianisme, ils étaient devenus les tributaires du roi d'Espagne. Mais ils avaient des rivaux, des ennemis. Magellan, qui les avait pris sous sa protection, avait besoin de prouver que cette protection n'était pas un vain mot. Pour conserver son prestige, il lui était indispensable de battre et de soumettre les princes ennemis de son protégé. Un des petits souverains de l'île voisine de *Matam* refusait de reconnaître le roi d'Espagne. Le capitaine général résolut de s'y transporter avec trois chaloupes. « Nous le priâmes de ne pas y aller en personne, rapporte Pigafetta, mais il nous répondit qu'un bon pasteur n'abandonne pas son troupeau. » C'est dans cette obscure expédition qu'il devait trouver la mort.

Il partit à minuit avec soixante hommes armés de cuirasses et de casques. Il envoya au roi de Matam une sommation d'avoir à se reconnaître vassal du roi d'Espagne et tributaire du roi chrétien de Zébu. Les insulaires répondirent insolemment qu'ils avaient des lances comme les Espagnols, et qu'ils sauraient bien s'en servir, bien qu'elles ne fussent que de roseaux pointus et de pieux durcis au feu. Au point du jour, les hommes de Magellan sautèrent dans l'eau jusqu'à la ceinture pour gagner la terre au milieu des récifs et des rochers. Ils se trouvèrent 49 contre 1500 insulaires. Mais les Espagnols dédaignaient ces barbares, et marchaient sans compter leurs ennemis.

Les arbalétriers et les mousquetaires tirèrent de loin ; mais ils blessaient les ennemis et ne les tuaient pas. Ceux-ci n'en étaient que plus furieux : déjà ils lançaient sur la petite troupe de Magellan des nuées de lances et de pieux, des grêles de pierres et de mottes de terre. Magellan fit mettre le feu à leurs cases, ce qui les excita encore plus. Ils s'aperçurent alors que les coups dirigés vers la tête et le corps ne portaient pas, à cause des cuirasses et des casques, et ils s'avisèrent de diriger leurs flèches et leurs pierres vers les jambes. Ils mirent à bas ainsi beaucoup de monde.

MORT DE MAGELLAN.

Les Espagnols ne purent faire feu des bombardes, qui étaient trop loin. Ils se retirèrent peu à peu vers leurs chaloupes après une heure de ce combat inégal, tandis que les insulaires s'acharnaient sur Magellan. Ceux qui le défendaient furent percés de coups. Lui-même, atteint d'une lance à la jambe, chercha en vain à tirer son épée. Il avait aussi une blessure au bras droit, il en reçut une autre plus grave d'un grand coup de sabre qui le fit tomber sur le visage. La petite troupe des Espagnols, qui tous étaient blessés, se retira alors sur les chaloupes, dans l'impossibilité de le venger. « C'est donc à notre capitaine que nous dûmes notre salut, parce qu'au moment où il périt, tous les insulaires se portèrent vers l'endroit où il était tombé. »

Ainsi périt dans une île reculée, le 27 avril 1521, l'un des plus grands navigateurs des temps modernes. Celui qui avait tant de fois bravé les mers, au Maroc, dans l'Inde et jusqu'à Malacca; celui qui dans ces deux dernières années avait lutté avec tant de constance contre la fureur des éléments; celui qui a le premier découvert et franchi le passage au sud de l'Amérique; celui que n'avaient pu vaincre ni le grand Océan traversé dans toute son étendue, ni la faim, ni la maladie, ni les trahisons, celui qu'attendaient en Espagne de si hautes récompenses et une gloire si noblement acquise, est mort, dans une lutte obscure contre des sauvages, au fond d'une petite île inconnue!

« Mais la gloire de Magellan survivra à sa mort. Il était orné de toutes les vertus, il montra toujours une constance inébranlable au milieu de ses plus grandes adversités. En mer, il se condamnait lui-même à de plus dures privations que le reste de l'équipage. Versé plus qu'aucun autre dans la connaissance des cartes nautiques, il possédait parfaitement l'art de la navigation, ainsi qu'il l'a prouvé en faisant le tour du monde, ce qu'aucun autre n'avait osé tenter avant lui. »

Non, Magellan n'a pas fait le tour du monde au complet : il n'en a guère fait que la moitié. Il est mort, sur le point d'atteindre ces îles Moluques où il avait rêvé d'établir la domination espagnole. Et cependant Pigafetta dit bien la vérité. Magellan en tournant au sud de l'Amérique est arrivé dans la Malaisie, que les Portugais connaissaient déjà et où ils avaient des comptoirs. Il a démontré par sa propre expérience qu'on peut faire le tour du monde, et il en a fait lui-même *toute la partie jusque-là inconnue*. Voilà sa gloire, et elle est bien assez grande. Peu importe qu'il soit ou non revenu en Espagne : une partie de son équipage montée sur la *Victoire* y est revenue. Il avait indiqué la route à suivre pour le retour. Elle était connue des pilotes et de beaucoup de ses marins. Magellan n'était plus indispensable ; un autre que lui pouvait mener à bien cette partie secondaire de sa grande œuvre.

CHAPITRE IV

RETOUR DES COMPAGNONS DE MAGELLAN

Trahison du roi de Zébu. — Bornéo. — Le camphre et la cannelle. — Les Moluques. — Le clou de girofle, la noix muscade et le gingembre. — Hostilités des Portugais contre les Espagnols. — Séparation. — Retour de la *Victoire* sous Sébastien del Cano. — Fables et légendes. — Erreur d'un jour.

Que dire de la fin du voyage ? Il offre désormais moins d'intérêt, puisque Magellan n'est plus là pour tout animer de sa grande âme. Les petits princes sauvages ne respectent que la force : ils plient devant un ennemi victorieux, ils accablent un allié abattu. Le roi de Zébu pleura le grand chef et trahit ses compagnons. Il égorgea vingt-quatre des principaux officiers de l'escadre attirés à un festin. Un autre, Jean Serrano, qui échappa au guet-apens, fut cruellement délaissé dans l'île, par l'ordre de Jean Carvalho et de Gomez de Espinosa, qui voulaient prendre à sa place le commandement de l'escadre. Ainsi, Magellan mort, les mesquines rivalités, les vengeances et les trahisons concourent à augmenter encore tous les périls des Espagnols.

Obligés de lever l'ancre, ils souffrent d'une cruelle famine jusqu'au moment où ils arrivent à l'île de Palawan et à la grande île de Bornéo. Là le sultan leur fait une magnifique réception. Là ils trouvent le *camphre*, « espèce de baume qui suinte goutte à goutte entre l'écorce et le bois de l'arbre. Si on laisse le camphre exposé à l'air, il s'évapore insensiblement. L'arbre est appelé *camphrier.* » Là aussi ils voient pour la première fois le *cannellier.* « Il est haut de cinq à six pieds et n'a que l'épaisseur d'un doigt. Il n'a jamais au delà de trois ou quatre branches : sa feuille ressemble à celle du laurier. La cannelle dont nous faisons usage n'est que son écorce, qu'on récolte deux fois par an. Le bois même et les feuilles vertes ont le même goût que l'écorce. » Les Espagnols commençaient donc à entrer dans les vrais pays des épices. Mais Pigafetta n'a pas connu toutes les richesses de Bornéo; bien qu'il ait vu au Sultan des pierres précieuses et des diamants d'un prix infini, il n'a pas su qu'on les tirait de l'île même.

Suivant la pensée de Magellan, ses compagnons se dirigeaient toujours vers les îles Moluques : ils y arrivèrent enfin au mois de novembre 1511 et jetèrent l'ancre à Tidor, l'une des plus riches en épices. Là ils chargèrent une cargaison complète de clous de girofle. « Le giroflier, dit Pigafetta, atteint une assez grande hauteur; son tronc est de la grosseur du corps d'un homme, plus ou moins selon l'âge de l'arbre. Ses branches forment une pyramide. Sa feuille ressemble à celle du laurier et l'écorce en est olivâtre. Les clous de girofle naissent au bout de petites branches en bouquets de dix à vingt. Ils sont d'abord blancs; en mûrissant ils deviennent rougeâtres, et ils noircissent en séchant. On en fait la récolte deux fois par an vers la Noël et vers la Saint-Jean La récolte est particulièrement bonne quand l'année est chaude et sèche. Le giroflier ne vient que dans les montagnes. C'est en effet un arbre extrêmement délicat, et qui ne réussit guère que dans les Moluques. C'est ce qui fait le prix de ces épices.

A Tidor, les Espagnols rencontrèrent le Portugais Alphonse de Lorosa. C'était un ami de ce François Serrão, cousin de Magellan, qui avait été un des promoteurs de son expédition, en l'engageant à venir s'établir avec lui aux Moluques. Serrão était mort, mais Lorosa faisait valoir dans l'île de Ternate, très voisine de Tidor, de grandes plantations d'épices. Là Pigafetta trouva la noix muscade et le gingembre : « La noix muscade, quand on la cueille, ressemble au coing, tant par sa forme que par sa couleur et par le duvet qui la couvre. Mais elle est plus petite. La première écorce est aussi épaisse que le brou de notre noix; au-dessous il y a une espèce de tissu mince ou plutôt de cartilage, sous lequel est l'enveloppe d'un rouge très vif qui entoure l'écorce ligneuse : celle-ci contient la noix muscade proprement dite. Cette île produit aussi le gingembre, que nous mangions vert en guise de pain. Le gingembre vient sur une espèce d'arbuste qui pousse de terre des jets longs comme ceux de la canne à sucre. Ces jets ne sont bons à rien. Ce n'est que la racine qui forme le gingembre en usage dans le commerce. Le gingembre vert n'est pas aussi fort que le sec et pour le sécher on y applique de la chaux; car autrement on ne pourrait pas le conserver. »

Les Espagnols ne voulaient pas séjourner plus longtemps dans les îles de la Sonde. Ils avaient reçu d'Alphonse de Lorosa des révélations inquiétantes. Le roi de Portugal, craignant que Magellan ne conquît une partie des terres nouvelles qu'il voulait garder pour lui-même, avait donné l'ordre de le poursuivre sur toutes les mers. On l'avait guetté en vain au cap de Bonne-Espérance. Mais une escadre s'armait aux Indes pour le chercher dans les parages des Moluques, de façon à prendre tous ses équipages et à détruire la trace même de son expédition.

En présence de ce danger, il fut convenu entre les chefs espagnols qu'on se séparerait. La *Trinité*, retenue par une voie d'eau, devait reprendre la route de l'est et retourner en Amérique vers l'isthme de Panama. La *Victoire* devait au contraire suivre la route de l'ouest et passer au sud du cap de Bonne-Espérance, en évitant avec le plus grand soin de relâcher à aucun des ports occupés par les Portugais. Par une cruelle ironie du sort, la *Trinité*, qui semblait avoir le plus de chances d'échapper aux Portugais, tomba entre leurs mains, avec ses deux chefs, Jean de Carvalho et Gomez de Espinosa. Au contraire la *Victoire*, qui ne devait plus traverser jusqu'en Espagne que des mers parcourues en tous sens par les Portugais, leur échappa comme par miracle, sous le commandement du brave Sébastien del Cano.

L'équipage de la *Victoire* quitta Tidor le 21 décembre 1521. Il y avait à bord 47 Européens et 13 Indiens. Ils passèrent sans s'arrêter à Banda, à Amboine, les plus petites et les plus riches des Moluques; à Solor ils durent demeurer une quinzaine pour réparer des avaries. Ils furent en rapport avec d'affreux anthropophages, les plus laids des hommes, dit Pigafetta. Ils avaient à bord un pilote des Moluques fort bavard et qui contait toutes sortes de fables. En voici une entre autres que Pigafetta enregistre sans trop y croire. « Il y a dans ces parages une île appelée Arucheto dont les habitants, hommes et femmes, n'ont pas au delà d'une coudée de haut, et dont les oreilles sont aussi longues que tout leur corps, de manière que, quand ils se couchent, l'une leur sert de matelas et l'autre de couverture. Ils sont tondus et vont tout nus. Leur voix est aigre et ils courent avec beaucoup d'agilité. Ils habitent sous terre, vivant de poisson et d'une espèce de fruit qu'ils trouvent entre l'écorce et la partie ligneuse d'un arbre. Ce fruit est blanc et rond comme les confitures de coriandre. » Nous n'avons certes pas besoin de montrer l'absurdité de cette invention niaise. Ce pilote ne faisait sans doute que raconter une légende ou un conte de fées de son pays.

Il y a cependant de ces légendes qui semblent bien près de la vérité. Nous avons tous lu dans les récits fantastiques des *Mille et une nuits* les faits et gestes d'un oiseau gigantesque, le *rock*. Cet oiseau, nous dit le conteur arabe, obscurcit le soleil quand il vole au-dessus d'un navire. Tantôt, pour se venger de matelots qui ont tué un de ses petits, il prend dans ses serres un quartier de rocher, et le laisse tomber si à propos sur le vaisseau qu'il le fracasse en mille pièces ; tantôt il emporte avec lui dans les airs le fameux marin Sinbdad qui s'est attaché fortement à l'une de ses pattes.

Tous ces exploits semblent bien extraordinaires; et cependant l'illustre naturaliste Isidore Geoffroy Saint-Hilaire a pu étudier un oiseau gigantesque, qui pourrait en effet enlever un homme dans les airs et dont l'œuf atteint des dimensions démesurées[1]. Ainsi la fable du *rock* rentre parmi cette série de phénomènes étranges qui ont été exagérés sans doute, mais qui doivent cependant être étudiés par les savants.

Pour revenir en Espagne, l'escadre avait à traverser tout l'océan Indien et tout l'Atlantique; et il fallait accomplir cet énorme parcours de plus de 7000 lieues sans toucher terre, car on allait se trouver constamment en vue des côtes occupée par les Portugais. A cette époque de lutte commerciale acharnée, les différents peuples européens se fermaient mutuellement leurs colonies. Les Portugais voyaient-ils dans ce qu'ils appelaient « les mers portugaises », c'est-à-dire les mers qui baignent leurs colonies, un navire étranger en détresse, loin de le secourir, ils lui fermaient le port où il aurait pu trouver le salut. Quelquefois ils cherchaient à s'emparer de l'équipage : ils retenaient prisonniers ses marins, confisquaient toutes les marchandises. Il est même arrivé plus tard aux Hollandais, jaloux de conserver leur monopole, de fabriquer à dessein à l'usage des étrangers de fausses cartes des mers qu'ils fréquentaient seuls, afin de perdre contre les écueils les navigateurs des autres nations. De nos jours il n'est pas d'exemple qu'un port se soit fermé à un navire étranger qui a besoin de secours, et les marins de toutes les nations luttent

1. Cet oiseau s'appelle l'*épiornis*. Il a été trouvé à Madagascar. Sa taille est de 3 à 4 mètres; son œuf est gigantesque : sa capacité est de près de 9 litres. Il faudrait six œufs d'autruche pour en former l'équivalent.

à l'envi de dévouement et de bienfaisance pour leurs semblables en détresse.

Sébastien del Cano et ses braves marins de la *Victoire* durent donc se résigner à cette longue et périlleuse traversée. Ils passèrent au large de Sumatra; ils laissèrent loin derrière eux les rivages enchantés de l'Inde. Quelques-uns d'entre eux auraient voulu prendre terre à Mozambique : de petites voies d'eau s'étaient déclarées dans le navire; le froid se faisait vivement sentir, la viande n'avait pu être salée; elle était tombée en putréfaction : on ne vivait plus que de riz et d'eau. Dans cet état, ils durent rester neuf semaines entières au large du cap de Bonne-Espérance, « le plus grand et le plus périlleux cap connu de la terre, » comme dit Pigafetta. Enfin ils purent s'en approcher de cinq lieues, et ils réussirent à le doubler. Ils avaient perdu dans cette traversée 21 hommes, chrétiens ou malais, plus du tiers de l'équipage!

Le 9 juillet, après une navigation plus paisible, ils aperçurent enfin les îles du Cap-Vert, Situées à l'extrémité occidentale de l'Afrique, elles formaient un point de relâche important, soit pour se diriger au sud le long du littoral africain soit pour gagner l'Amérique méridionale. Aussi les Portugais, quoique maîtres de tout l'archipel, n'osaient-ils pas en exclure complètement les étrangers, pas même les Espagnols, leurs ennemis, qui de là avaient coutume de gagner leurs domaines de l'Amérique.

L'escadre, à bout de ressources, s'arrêta donc à Santiago du Cap-Vert. Mais encore Sébastien del Cano prit-il beaucoup de précautions : il n'envoya à terre qu'une chaloupe; les marins qui la montaient eurent l'ordre de faire croire que les Espagnols revenaient de l'Amérique, et de ne pas prononcer le nom de Magellan. Ainsi purent-ils se procurer, en échange des marchandises, les vivres dont ils avaient si grand besoin. Mais au troisième voyage la chaloupe fut retenue; des mouvements insolites avaient lieu dans le port. Un traître avait révélé le secret de l'expédition. Il était évident que les autorités portugaises voulaient se saisir de la *Victoire*. Ordre fut donné de faire voile sur-le-champ, et la *Victoire* mit le cap sur l'Espagne.

Ici se place un petit incident intéressant. Ceux d'entre mes lecteurs qui ont lu le charmant livre de Jules Verne *Le tour du monde en 80 jours* se rappellent le dénouement : l'Anglais Philéas Fogg, qui a parié un million de faire le tour du du monde en 80 jours, a été retardé en route par toutes sortes d'accidents. Il arrive désespéré en vue de l'Angleterre, parce que d'après ses calculs le quatre-vingt-unième jour commence. Il est de retour un lundi, au lieu du dimanche qu'il a fixé ; il a donc perdu son pari. Mais, en descendant à terre, il voit toutes les boutiques fermées, comme c'est l'habitude en Angleterre le dimanche. Il n'en peut croire ses yeux. Il s'informe à des passants ; c'est bien le dimanche et non le lundi : l'Anglais a gagné son million. Et pourquoi cette erreur? Parce que ce brave Anglais a fait le tour du monde en se dirigeant toujours vers l'est, c'est-à-dire dans le sens du mouvement du soleil. Le soleil avait donc fait, pour nos voyageurs qui semblaient courir après lui, un tour de plus que pour les habitants de Londres qui étaient restés dans le même lieu. L'Anglais Philéas Fogg avait gagné un jour sans s'en douter.

Pour Pigafetta, c'est le contraire qui arrive, il perd un jour. C'est que Magellan et ses compagnons ont suivi la route de l'ouest, c'est-à-dire qu'ils ont marché en sens inverse du soleil. Ils se mettent donc toujours de plus en plus en retard dans la supputation du temps; et après avoir fait le tour complet du monde, les Espagnols se trouvent en retard d'un jour entier. Pigafetta ni ses contemporains ne comprirent la raison de ce retard : « Pour voir si nos journaux avaient été tenus exactement, nous fîmes demander à terre quel jour de la semaine c'était; on répondit que c'était jeudi, ce qui nous surprit, parce que, suivant nos journaux nous n'étions qu'un mercredi. Nous ne pouvions nous persuader de nous être tous trompés d'un jour. J'en fus moi-même plus étonné que les autres, parce qu'ayant toujours été assez bien portant pour tenir mon journal, j'avais noté sans interruption les jours de la semaine et les quantièmes des mois.

» Grâce à la Providence, nous entrâmes, samedi 6 de septembre (1522), dans la baie de San-Lucas, et, de 60 hommes qui formaient notre équipage quand nous partîmes des îles Moluques, nous n'étions plus que 18, qui pour la plupart encore étaient malades. Lundi 8, nous jetâmes l'ancre près du môle de Séville, et déchargeâmes toute notre artillerie. Le mardi nous nous rendîmes tous à terre, en chemise et pieds nus, avec un cierge à la main, pour aller visiter l'église de Notre-Dame de la Victoire et celle de Sainte-Marie d'Antigoa, comme nous avions promis de le faire dans les moments de détresse. »

Ces héros avaient parcouru sur mer plus de 15000 lieues. Avec les moyens imparfaits dont ils disposaient, ils avaient fait le tour du monde entier. Jamais peut-être expédition n'avait eu de résultats aussi décisifs! Sébastien del Cano avait été le digne continuateur de Magellan; et Charles-Quint l'honora d'une récompense qu'il avait bien gagnée. Il lui offrit un globe d'or qui portait cette inscription flatteuse : « Tu as le premier parcouru ma circonférence. »

CONCLUSION

Grands résultats des découvertes nouvelles. — Empire colonial des Portugais et des Espagnols. — Parallèle de Vasco de Gama et de Magellan. — Leur gloire immortelle.

Il est difficile de se faire une idée de l'enthousiasme qu'excita en Europe le récit mille fois répété des deux grandes expéditions de Vasco de Gama et de Magellan. Les exploits fabuleux de Bacchus et des Argonautes et les conquètes d'Alexandre le Grand étaient dépassés[1]. Désormais on pourrait aller directement dans l'Inde par mer sans être obligé de payer tribut au Soudan d'Égypte. Les précieuses épices seraient cultivées et récoltées sur place, au grand profit des Européens. Des mines d'or et d'argent d'une richesse incalculable seraient exploitées. D'immenses contrées pourraient être colonisées ou conquises et deviendraient la propriété de tous ceux qui n'avaient pas leur manoir en Europe et qui voudraient au loin courir les aventures.

On était sûr aussi que notre globe est une sphère. Cette théorie que Christophe Colomb avait osé le premier soutenir venait de recevoir sa démonstration irréfutable. L'on connaissait dès lors toute l'étendue de la terre habitée; l'on sa-

1. Les *Argonautes* sont des héros, plus tard divinisés par les Grecs, qui pénétrèrent les premiers dans la mer Noire et dans la région du Caucase. La mythologie attribue à Bacchus la conquête de l'Inde. — Alexandre a soumis la partie occidentale de ce grand pays.

vait que l'Amérique est fort éloignée de l'Inde; qu'il avait fallu aux compagnons de Magellan trois mois de navigation entre le ciel et l'eau pour pénétrer jusqu'aux îles Moluques; que désormais il était possible de faire le tour du monde. Qu'étaient, en comparaison de ces continents nouveaux ouverts à l'activité humaine, et l'empire romain, et même l'Europe chrétienne, avec tout le monde musulman du moyen âge?

Ce fut un long cri de surprise et d'admiration dans toute l'Europe. Mais nulle part la fièvre des aventures lointaines ne fut plus ardente qu'en Espagne et en Portugal. L'âge des conquêtes succède bientôt à l'âge des explorations. Déjà nous avons vu Vasco de Gama diriger aux Indes deux grandes expéditions pour soumettre le pays. Alvarez Cabral, Almeïda, Albuquerque, les plus fameux capitaines portugais, sont ses contemporains ou ses successeurs : ils soumettent les princes indiens; ils étendent jusqu'au détroit de Malacca, jusqu'à la Chine et au Japon la domination de leur patrie, et ils confient aux pieux et intrépides compagnons de saint François-Xavier le soin de prêcher l'évangile dans tant de contrées nouvelles.

Et de même, Fernand Cortez, Almagro, les Pizarre sont les continuateurs et les héritiers directs de Magellan. Ils pénètrent plus avant dans ce monde mystérieux et romanesque, où l'on prétendait trouver de nouvelles Venises, construites au milieu des eaux, des Amazones[1] comme dans les légendes classiques de l'antiquité, des animaux inconnus, des arbres gigantesques, et surtout un merveilleux *El Dorado*, c'est-à-dire le royaume de l'or, où le sable étincelait de pierres précieuses, et où les pêcheurs retiraient des rivières des cailloux d'or aussi gros que des œufs d'oiseaux. Nul ne songeait aux dangers de ces entreprises. La faim, la soif, les mala-

1. Le nom de *Vénézuéla* a été donné à un État situé au nord de l'Amérique méridionale parce que les premiers explorateurs y trouvèrent des villages d'Indiens bâtis sur pilotis qu'ils, comparèrent à une petite Venise. — Orellana prétendait avoir vu des femmes armées et faisant la guerre le long du grand fleuve qu'il descendit le premier. Il l'appela pour cette raison le fleuve des Amazones.

dies, les fièvres des marais, les piqûres des insectes venimeux, les neiges des montagnes, les ardeurs du soleil tropical, les tempêtes en plein Océan, rien n'effrayait l'aventurier. Il comptait bien triompher de tous les obstacles et de tous les périls. Grâce à toutes ces conquêtes opérées en moins d'un siècle, le célèbre Philippe II, maître à la fois de toutes les colonies espagnoles et portugaises, pouvait se vanter avec raison de posséder un empire sur lequel le soleil ne se couchait jamais.

L'œuvre de Vasco de Gama et de Magellan eut donc de grands et féconds résultats. Magellan ne revit pas sa patrie, il périt comme enseveli dans son triomphe, et il ne put jouir de sa gloire. Son corps même resta entre les mains des sauvages; Magellan n'eut pas une sépulture digne de lui. Mais son nom a été donné au détroit qu'il a franchi le premier et à un archipel des côtes de l'Amérique méridionale. La postérité n'a été que juste en consacrant ainsi pour toujours le souvenir du grand explorateur.

Le nom de Vasco de Gama n'est resté à aucune des terres ou des mers qu'il a découvertes; mais il eut de son vivant de glorieuses récompenses : il exerça les plus hautes dignités. Mort vice-roi de l'Inde dans la petite ville de Cochin, il y fut inhumé provisoirement. Plus tard son corps fut ramené en Portugal, dans la petite ville de Vidigueira dont il avait été nommé le premier comte. C'est là que ses restes reposent encore aujourd'hui, et un roi de Portugal a fait inscrire sur sa tombe ces simples mots qui valent un long éloge :

Ici repose le grand argonaute don Vasco de Gama, premier comte de Vidigueira, amiral des Indes Orientales et leur fameux explorateur.

D'après le portrait que nous ont laissé de lui ses contemporains, Vasco de Gama était de taille moyenne, de forte corpulence, prompt à s'emporter, mais en général affable pour ses inférieurs; il excellait à s'en faire respecter. Il était homme d'action, hardi jusqu'à la témérité quand il méditait une entreprise, mais d'une prudence consommée dans l'exécution. Malgré les périls inconnus où il entraînait ses compagnons, il sut toujours s'en faire obéir et mériter leur affection et leur respect. Inaccessible à la crainte, il triompha, par sa constance et sa fermeté, de la nature et des hommes. Tout pliait devant son génie, et après avoir ouvert à la postérité des voies nouvelles, il a eu le bonheur de mourir au comble de la gloire, dans l'exercice du souverain commandement, et comme dit le poète :

Entrant de son vivant dans l'immortalité.

Magellan, qui a fait d'aussi grandes choses, n'a pas été aussi heureux : il est mort sans avoir vu l'achèvement de son œuvre. Il eut à lutter durant toute sa vie contre ceux qui lui reprochaient d'avoir déserté sa patrie. Il eut plus de difficultés à vaincre. On peut l'accuser d'une sévérité excessive dans la répression des révoltes de son équipage. Mais il était brave entre les braves : il avait une foi profonde dans le succès ; moins prudent que Vasco de Gama, il ne souffrait aucune résistance ; il abordait de front tous les obstacles, et les renversait par l'énergie sauvage de sa volonté. Il périt dans une de ces luttes où il se jetait à corps perdu, sans calculer assez les chances de salut. De son vivant il n'a pas joui de sa gloire ; il semble n'avoir pas rempli sa destinée. Mais son voyage de circumnavigation a été presque aussi important que la découverte même du nouveau monde, et la postérité reconnaissante place sur la même ligne cette glorieuse trinité : Christophe Colomb, Vasco de Gama et Magellan.

Grâce à eux, des mondes nouveaux ont été découverts et explorés ; toutes les denrées des pays chauds ont afflué sur les marchés de la vieille Europe ; des nations jusque-là pauvres et dédaignées ont dû leur importance à leur navigation d'outre mer et à leurs grands établissements coloniaux. Les peuples ont entretenu des relations plus nombreuses et plus étroites; en se connaissant mieux, ils ont appris à s'estimer davantage. Et si aujourd'hui les navires de tous les pays sillonnent les mers, si la vapeur et le télégraphe suppriment les distances et contribuent à faire de tous les habitants de notre globe une seule grande nation humaine, n'oublions pas ceux qui, au prix de leur vie, ont ouvert les routes nouvelles à l'humanité.

A lire le récit de ces audacieuses expéditions, l'on se croirait transporté dans le pays du rêve. Il semble qu'une fée bienfaisante veille sur Vasco de Gama et sur Magellan pour assurer leur triomphe. Que sont auprès de ces aventures vraies les fictions des romanciers? Dans un amusant récit que nous avons cité plusieurs fois, l'Anglais Philéas Fogg a parié de faire le *Tour du monde en* 80 *jours*. Il est sans cesse entravé. Un espion de la police anglaise cherche à l'arrêter comme voleur, les paquebots partent en retard; les trains de chemin de fer sont coupés par les Indiens. Mais Fogg est établi dans une confortable cabine qui est comme un nécessaire de voyage complet. Il a la vapeur et l'électricité à son service. Il a le portefeuille bien garni de billets de banque. Il arrive à temps. Tout ce récit est très gai et très lestement mené. Mais nous ne sommes pas inquiets pour la vie de l'Anglais; il ne s'agit après tout que du pari d'un original.

Vasco de Gama et Magellan ont à lutter contre la nature. Ils vivent dans un entrepont étroit, humide, malsain; leurs matelots tombent malades du scorbut. La nourriture manque et ils sont obligés pour vivre de manger les cuirs qui entourent les mâts des navires. Ils vont à l'aventure, dans des mers inconnues, à la voile, c'est-à-dire au gré des vagues et des tempêtes. Ils ont à vaincre les terreurs ou les révoltes de leurs compagnons, à déjouer les embûches des sauvages. Mais, malgré tous les obstacles et tous les dangers, ils marchent en avant, confiants en Dieu; et avec des moyens insuffisants ils accomplissent, comme on l'a dit, de *véritables travaux d'Hercule.*

L'antiquité aurait déifié de tels hommes; elle leur aurait dressé des autels et des temples; elle aurait sacrifié à leur mémoire; elle aurait éternellement vénéré leurs descendants. De nos jours il n'y a plus d'idoles; mais nous devons être reconnaissants envers ces grands hommes. Nous devons étudier à fond et bien connaître leurs belles actions; nous devons puiser une haute leçon de morale dans leur exemple; nous devons imiter leur patience, leur fermeté, leur labeur énergique, leur foi au milieu des plus grandes adversités, leur dévouement à la patrie et à la science.

Homère a immortalisé la gloire d'Ulysse. Et cependant Ulysse a voyagé malgré lui et c'est la tempête qui lui a fait découvrir des terres nouvelles. Quel Homère ne faudrait-il pas pour chanter la gloire de nos héros? Camoëns a essayé de célébrer Vasco de Gama. Nous lui emprunterons encore ces deux belles strophes à l'honneur des Portugais :

« Vous êtes grands par vos aïeux, vous l'êtes aussi par vous-mêmes. Il faut pour plaire à l'*Immortelle* ceindre l'épée, supporter les veilles, braver les tempêtes, endurer sans abri les glaces du pôle et les feux de l'équateur et vivre du pain grossier que la faim dévore et que la fatigue assaisonne.

« Sachez, au milieu des combats, garder un front serein, en face du plomb meurtrier qui vient frapper à vos côtés le compagnon de vos exploits. Que peuvent sur une âme ainsi préparée les séductions de la richesse et de la grandeur? Grandeurs, richesses, vous êtes les présents du hasard. Mon héros ne doit rien qu'à la vertu. » (Traduction Lamarre.)

Ce bel éloge de Vasco de Gama s'applique aussi à Magellan.

FIN

TABLE DES MATIÈRES

PREMIÈRE PARTIE

Vasco de Gama.

DEUXIÈME PARTIE

Fernand de Magellan.

FIN DE LA TABLE DES MATIÈRES

PARIS. — IMPRIMERIE ÉMILE MARTINET, RUE MIGNON, 2.

www.ingramcontent.com/pod-product-compliance
Ingram Content Group UK Ltd.
Pitfield, Milton Keynes, MK11 3LW, UK
UKHW021142260726
13994UKWH00001B/261

9 782329 352077